大学英语教学的发展与创新研究

曾春红　刘春荣　著

中国原子能出版社

图书在版编目（CIP）数据

大学英语教学的发展与创新研究 / 曾春红，刘春荣著. --北京：中国原子能出版社，2023.7

ISBN 978-7-5221-2845-0

Ⅰ. ①大… Ⅱ. ①曾…②刘… Ⅲ. ①英语–教学研究–高等学校 Ⅳ. ①H319.3

中国国家版本馆 CIP 数据核字（2023）第 136933 号

大学英语教学的发展与创新研究

出版发行 中国原子能出版社（北京市海淀区阜成路 43 号 100048）
责任编辑 白皎玮
责任印制 赵 明
印　　刷 北京天恒嘉业印刷有限公司
经　　销 全国新华书店
开　　本 787 mm×1092 mm 1/16
印　　张 14.25
字　　数 210 千字
版　　次 2023 年 7 月第 1 版 2023 年 7 月第 1 次印刷
书　　号 ISBN 978-7-5221-2845-0 **定　价** **76.00** 元

发行电话：010-68452845

前　言

改革开放以来，我国逐渐打开国门，走向世界。而近年来，在全球化的时代背景之下，我们与世界各国间的沟通交流也日益繁多。正因如此，在考量适用型人才的标准上，英文能力的地位日渐提升，几乎成为最为重要的考察项目。

由于高校英语教学承担着培养语言基本功扎实、跨文化技能娴熟、国际视野宽广、中国情怀博大、专业基础宽厚、国际规范熟悉的国际化人才使命，建设科学、完善的高校英语课程体系就成为实现这一目标的保障。针对教育部所启动的高校英语新一轮教学改革的要求，结合目前高校英语教学现状和已有资源，积极探索建设科学、综合、立体、有机的新型高校英语课程体系，以更好地满足社会的需求，符合学校的办学目标，对接院系的专业需要，助推学生的发展。

全书共分为六章，概述了大学英语教学的基本内容，分析了大学英语教学的发展历程与趋势，探讨了大学英语教学思路、方法实践，对大学专门用途英语（ESP）教学模式、大学英语“产出导向法”教学模式进行创新研究，对网络多媒体背景下的高校英语教学模式的新发展展开了详细的分析和研究。

笔者在此对成书过程中所有参考资料的作者，以及曾给予过帮助的人表示衷心的谢意，因学识有限，书中可能会出现欠妥之处，还望广大读者不吝指正。

目　录

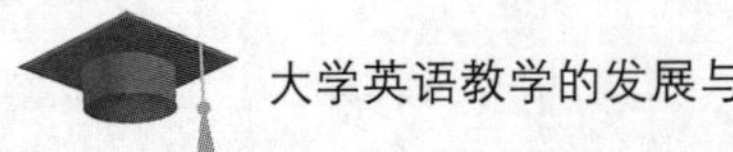

第一章　大学英语教学概况

我国的大学教育培养出了许多优秀的英语人才，为社会发展做出了卓越的贡献。与此同时，英语教学也随着社会的发展而不断演进和提高。作为国际流通性最强语言的英语在我国所有的外语教学中所占比重最大，所以要根据我国国情，不断地去改革和创新，让英语教学取得更好的成效。本章在对英语教学基础理论探讨的基础上，对大学英语教学的现状进行分析，并进一步阐述大学英语教学改革的最新趋势。

第一节　英语教学理论基础

大学英语教学是一种建立在一定的理论基础之上的科学性教学。但是，由于研究者的思想不同，造成对理论研究的侧重点不同，最终形成的理论对英语教学也会有不同的影响。本节从哲学基础、语言学基础和心理学基础三个方面，对现有的英语教学理论进行了概述和总结，从而对英语教学实践发挥理论指导作用。

一、英语教学的哲学基础

要想探究英语教学的产生与发展，不但需要从多个角度进行细致的分析研究，还需要探究英语教学的理论依据。英语作为一门独立的学科，

其哲学理论基础是必不可少的探究内容。所谓哲学，就是人对于自然、社会，以及人文的高度概括和总结，是自然科学、社会科学和思维、人文科学知识的最高规律。自然科学研究自然客观事物发展的规律，社会科学研究社会发展的规律，思维、人文科学研究以人为本、人类与现实社会文化生活关系和人类思维及其发展的规律，唯独哲学研究揭示的是整个人类和客观物质世界关系的本质特征和普遍思维认知发展规律。哲学一方面紧密联系自然、社会和思维、人文科学，另一方面又对其具有世界观和方法论上的指导意义。人们不仅要质疑、探索、诠释和认识客观物质世界，更重要的是还应改造和发展外在物质世界，改造和发展人类自身，从而创造人类社会的物质文明和精神文明。世界观一方面极力支撑和协助人类探索、诠释、认识、把握客观事物的发展规律，另一方面也制约着人类对客观事物发展规律的认识。方法论是人认识、把握世界和改造世界的根本方法。当前，马克思主义哲学的辩证唯物主义和科学发展观对英语教学的建设、存在、发展、创新和实施具有总体理论上的指导意义。

（一）以人为本

无论是哪一种学科教学都离不开以人为本的指导思想，人本社会的主要思想就体现在把人的发展作为基本原则。英语教育、课程与教学的根本指导思想是要充分体现以人为本、以人的发展为本的思想。英语教学以人的发展为本的思想，根植于马克思主义哲学对人的本质、人与客观世界、社会文化的关系、人的主观意识、思维与外在世界、社会思想化的关系，以及人的生命活动与语言的关系等问题精当且深邃的论述之中。

1. 英语教学要体现人的本质特征

人的本质首先体现为物质世界中的现实人，我们所说的现实人不单是自然人，也与社会紧密联系在一起，也属于社会人；其次，人的本质

也能通过人与人之间的社会关系或者是交往关系来体现，人与人之间的关系组合在一起共同构成了复杂的社会关系。在与他人的交流过程中，人们通过语言表达情意，或记录传承人类物质文明和精神文明成果的精华，因而逐渐超越自然人，优于自然人，最后成为社会人。人之所以能超越和优于自然人成为社会人，最根本的原因就在于人与人在社会中使用了语言这个最常用且最有效的信息交流和沟通的交际工具。马克思在批判费尔巴哈的人本主义时明确指出："人的本质不是单个人所固有的抽象物，在其现实性上，它是一切社会关系的总和。"人的本质不是个人的天赋属性，也不是人类抽象的共性，而在现实中，人总是生活在特定的物质世界情境、社会和社会关系之中。人在物质自然界中产生，又存在于物质自然界之中，而且人也只有在物质世界和现实社会中，特别是在人与人使用语言作为交际工具交流和沟通信息的过程中，才能成长和发展，成为能动地、创造性地改造世界、改善人自身和推动社会发展的人。因此英语教学的建设、发展和实施必须面向全体学生、面向每个学生个体和面向具有终身学习能力的、推动社会发展的人，并以充分体现人的本质特征为根本的价值观取向。

2. 人的发展与社会发展紧密相连

课程与教学的本质是教书育人，既能促进学生德、智、体、美、劳全面发展，又能使其个性化获得充分的发展。人是社会的人，一方面人的发展需要以社会为依托，人脱离了社会就不成为社会人，就难以生存和发展；另一方面社会的发展也离不开人，社会是由人组成的，是人群的社会，社会脱离了人也就不复存在。这种人与社会关系相互依存和互促发展性还表现在：一方面客观世界和社会发展制约着人的发展规律；另一方面人充分发展的目的又在于认识世界和社会及其发展的客观规律，并根据其内在逻辑发展规律能动地、创造性地改造世界和社会，并不断推动世界和社会的物质文明和精神文明的发展，而世界和社会的发

展又反作用于人，不断促进人的充分全面发展和个性自由解放。英语教学发展和实施的目的也在于培养学生的综合素质，并使其个性获得自主、自觉和自由发展。这不仅是学生发展的需要，同时也是社会物质文明和精神文明共同发展的需要，更是创建和完善中国特色社会主义外语教育教学体系的需要。因此，英语教学必须紧密联系人与社会的发展，并在人与社会生活情境发展的进程中求得自身的发展、创新、完善和有效的实施。

3. 意识和思维的客观本真

人的意识和思维活动既有客观性的一面，也具有主观性的一面，但是主观性的一面只关于人的个体，而客观性才是人的思维意识最真实的表现。社会环境与现实世界是人思维意识的基本条件，它们是游离于人本身的思维意识而客观存在的，不被人的意识与思维所左右。外在世界第一性是本原，意识和思维活动是第二性的，是被决定的。物质世界是人的观念、意识和思维形成的基础，观念、意识和思维具有客观现实性，这就是意识和思维客观性实质的诠释。而意识和思维活动又是人的主观性的心理活动，外在世界和现实社会的客观存在，需要通过人的主观意识和思维活动才能被证实和阐释。诚然，人的意识和思维活动并不是外在世界和现实社会的本原或第一性；人的意识和思维活动的对象，即外在世界和现实社会也不是绝对观念，不是精神的自我认知和理念的自我建构，而是客观物质世界和社会生活现实在人的意识、观念和思维活动中的反映。但是，人并不是消极被动地对物质世界和现实社会生活做出反应，而是通过劳动实践活动和日常社会生活实践活动，使自身的意识、观念和思维与物质世界、现实社会生活相联系，并对物质世界和现实社会生活做出能动的和创造性的反应。由于个人的劳动实践活动和日常现实社会生活目标、内容、过程、方法、时空等方面的差异，人们自然会对同一物质现象和现实社会事件产生和形成不同的思想意识、价值观念

和思维方式。这就是对“意识、观念、经验和知识是人的心理表征，是人们自我认识和构建，并存在于人的内在心灵之中”的阐释。意识观念的本质正是人对外在世界、社会现实能动和创造性的反映。深邃和思辨的理论问题，往往可以用最简单的事实和身边的实例表征和论证。英语语言单词如“book”，或词组如“an English book”，或句子如“The English book is on the desk”，或语篇和文本，都是使用英语的民族对客观存在事实和事件约定俗成的符号，而语言符号又是意识、观念、思想的物质外壳。倘若在外在世界中不存在“书”，或“一本英语书”，或“英语书在桌子上”等现实事物和事件，那么上述英语单词、词组、句子以至语篇和文本就难以产生、存在、发展和创新，也更难甚至无从显示。英语教育如何能使学生理解并运用英语单词、词语、句子、语篇和文本等语言知识？在回答这个问题时，则仍需依靠学生自主自觉、积极主动、能动创造地在人与外在世界社会关系和特定的现实世界社会生活情境中通过理解和运用英语交际、沟通的实践活动才能解决，语言知识和交际运用能力才能学得和习得。而大多建构主义者（社会建构主义者除外）认为“脱离和割裂了人与外在客观世界社会生活的关系和特定的现实世界社会生活情境的联系，单凭个人的主观意识、观念、思维的自我认识和自我建构，就能自我建构和创新、达标理解和交际运用语言知识”的观点，是不现实的。这正是由外在物质世界、现实社会生活的本原性所决定的，同时受意识观念、思想直接反映的第二性和被决定性制约。

4. 人的生命活动与语言息息相关

在现实社会中，人的生命活动与语言息息相关。人之所以成为社会人，人与人之间的交往、人与社会之间的关系和人的日常生命活动无不都是借助语言这个交往载体和交际工具来实现的，人的一切日常生命活动也无不存在于特定物质世界和现实生活与语言交际行为的联系之中。

语言是人的主观意识、观念和思维的物质外壳，是意识、观念、思

维内容的物质载体，因此，不仅物质世界表现于语言之中，语言的内涵也是意识、观念、思维反映物质世界的内容，而且意识、观念、思维的内容也寓于语言之中。语言是意识、观念与物质世界存在关系之间的中介、媒体和桥梁，正是由于两者联系之间存在着语言这个媒介和桥梁，才使得这种联系成为可能并获得不断巩固和发展。其实，人的意识、观念和思维最初也是与人的物质活动、人类物质交往、现实生命活动和社会生活活动中的语言交往融合在一起的，而且人类的意识、观念、思维和语言本身也都是人的物质活动、人类物质交往活动、现实生命活动、社会生活活动和使用语言交流信息需要的直接产物。因此，英语教学建设、发展、创新和实施的目的、内容、方法都应彰显语言与学生现实社会生命活动的相关性，从而尽量设计成在接近、贴近甚至回归学生的现实社会生活的生动情境之中来讲解、操练和交际运用英语，进而使得英语教学能获得更为理想或良好的效果。

（二）全面和谐发展

教育是人的教育，核心是重视人的因素。在教育领域中人的因素就是学生和教师，因此，教育需重视学生学习的主体作用和教师教学的指导作用，以发挥师生双主体互动、生成的主观能动性和创造性。在英语教育教学过程中充分发挥师生双主体的主观能动性和创造性，具体体现在以学定教、以教导学、多学精教、不教自学的原理之中。显然，这种英语教育教学原理充分体现了以学生为主体，以教师为主导，发挥师生双主体的互动、生成作用，也是对以学生为中心或以教师为中心的理念的重新评判。

1. 以学定教

长期以来，我国传统的英语教学理念以教定学为主，把学生当作接受教育的对象和接受知识的容器，而学校则是生产这些容器的工厂，只注重这些容器的学习成绩，却忽略了学生个性的发展。正确的学习理论

和学习理念，则倡导以学定教、以教导学，把学生看作是学习的主人，学生是在教师的指导下积极主动地学习知识、技能、能力，让学生的个性充分发挥出来。真正做到以学定教、以教导学和教师的指导性相统一。

以学定教不但根据学生已有的知识、经验、需求，遵循学生学习知识、发展能力的规律，确定教学目标、内容、策略方法和评价措施，也立足于激励学生能够积极主动地学习、思考，既立足于学生群体，也立足于学生个体。由于每个学生潜在能力和创造力都存在一定的差异，因此要注重学思结合，倡导启发式、探究式、讨论式、参与式教学，注重知行统一，注重因材施教，使每一个学生都能获得进步。

2. 以教导学

英语教育教学不仅是以学定教，还需有以教导学的理念，以学定教与以教导学是对立的统一体。以教导学理念认为，学生不只是知识的被动接受者和使用者，而且也是在教师的指导下能更积极地获取知识的学习者。有效的英语学习就是学生在教师的指导下，根据自己已经掌握的英语知识，不断接受和理解新的英语知识。所以说学习英语不是一味地接受知识，更何况学生本身也不仅是接受知识的机器。学习应该是在教师的指导下，根据自己自身的兴趣和能力，积极主动地去学习。以师生互动的形式来接受知识，这样学生才能更好地理解并掌握知识。

3. 多学精教

大学英语教育不仅是以学定教、以教导学，而且还需多学精教。英语教学不仅是师生之间的互动过程，还是师生之间和外界环境之间的互动过程，更是师生之间情景交融的多向互动过程。多学精教理念是指在师、生、情境、英语、情感互动的过程中学生要积极主动地多学、多用，而教师则充分利用具体、客观的情境在学生已有知识、经验的基础上精教知识的重点和难点，以便腾出更多的时间让学生多学、多用。英语教育教学只有在具体的情境中，并在学生已有的知识、经验基础上进行教

学才能达到精教知识的重点和难点的目标，更易为学生理解和掌握。因为环境是语言现实的体现，如果没有客观的语言环境，那么语言就缺少了存在感，也难以理解和掌握；在学生已有知识和经验基础上精教新知识，既能节约教的时间，又便于学生理解和吸收，而且新旧知识融合所形成的新知识结构网络，也有利于记忆和快捷提取运用。在具体的情境中，在学生已学知识、记忆的基础上精教，自然就能腾出更多的时间给学生学习。

4. 不教自学

英语教育教学不仅是以学定教、以教导学、多学精教，其最终的目标是不教自学。教是为了不教，不教是为了能自学。终身享受自学的乐趣是学生学习的最终目标，也是学生学习最理想的追求。语言沟通的本质特征是具有双向或多向的交流性和沟通性，而且双方或多方都是不依赖于他人独立、自主的个体。这就是不教自学的自然境界。

5. 和谐地互动发展

中国特色社会主义外语教育体系是强调以学生发展为本、为重点。除学生以外，教师也是一个重要角色，教育大计，教师为本；教育教学改革，关键在教师；只有有了好的教师，才可能有好的教育。因此，以学定教和以教导学两者之间具有内在逻辑联系。教师不只是知识的载体、来源，也是传道、解惑的，教学不但不能以教定学，把教师作为主体，而且也不能排斥以教导学，仅把学生作为主体。教师应该教会学生学习和运用，尤为重要的是，英语教育教学不能止步于以学定教、以教导学；以学定教、以教导学还需通过多学精教才能最终通达不教自学的最高境界。因此，以学定教、以教导学、多学精教、不教自学是一个蕴含内在逻辑联系的统一体，四个方面互动、生成才能达到英语教育教学理想的目标。教师的职责就是教书育人，培养学生的综合素质。教师把全部的精力投入教书育人中，无论是一件细小的事情还是一堂微不足道的课，

教师都是为了有效激励学生的思想情感，激发学生的求知欲望，培养学生独立学习的能力，同时也体现了自身的价值。它更直接体现在不教自学的最高境界之中。

根据辩证法理论，对于学生来说，学习是内因，教师教学是外因。内因是起决定性作用的，外因通过内因起作用，这是以学定教的哲学基础。但是外因能起强大的反作用，因而激励、推动内因的发展，这是以教导学的哲学基础。

（三）英语素养与积极的学习态度协调发展

传统的英语教育分离了英语素养与人文精神之间的关系，以及英语素养与积极的学习态度之间的联系，学习成了一座大山，压得学生喘不过气来，从而也造成花时多、收效微的学与教的不良后果。学生学习英语只有以积极的学习态度，自觉主动地动脑、动耳、动眼、动手等多感官、多渠道地学习和运用英语知识、发展英语技能和交际运用英语的能力，才能快捷、有效地培养英语素养。

积极主动的学习态度是人文精神的重要体现。积极有效的学习所倡导的是学生作为学习英语的主人和创造者，关注个性自由发展，积极调动学生主动学习，才能使英语学习达到事半功倍的成效。

提升英语素养，学生就能逐步树立学习的信心，从而产生学习兴趣，这是学习英语的成就感赋予学生的学习信心和兴趣。对于学生来说，英语不仅成了他们学习中的一门重要学科，更成了生命中积极的、富有乐趣的一个不可或缺的部分。学有信心、学有兴趣不仅能促进学习、提高学习效率，加速发展英语素养，而且在学习和运用知识的过程中，遇到困难和挫折，学生能主动地去克服困难，而每次经过努力克服困难，成功的喜悦又进而促使其学习取得成功，这又能转化为一种成就感。

（四）过程、效率和结果的有机融合

学科教育教学是传承文化知识和人文精神的主要渠道，其中作为主

要学科的英语的教育教学，更是落实发展英语，了解并扩展外国文化视野、意识的主要学科。提升英语素养和人文精神的场所是课堂，因此，英语课堂教学不仅要注重提升英语素养，同时也要培养学生的人文精神，而英语教育、课程的实施和课堂教学是一个过程，人文精神务必体现在整个英语教育教学过程之中，并使学生在掌握英语的同时也能潜移默化地受到人文精神的熏陶。鉴于此，英语教育、课程与教学既要重视学习结果，更要关注学生学习英语知识、发展交际运用英语的能力，以及陶冶情操、扩展世界文化意识、学会学习和形成人格的学习过程。英语教育要遵循学习过程，探索学习规律，不能只强调结果，只凭考试成绩来判断教学质量的好坏。英语教学要重视效率，不能让学生花费大把的时间和精力去评比考试成绩的好坏。学习英语的关键还在于减负增效，让学生能花费最少的学习时间和精力去取得最大的效果。所以，要把教学过程、工作效率和考察结果很好地结合起来，充分发挥学生的个性，发展学生的意志、潜力、创新精神、创造能力与实践能力。

综上所述，辩证唯物论和科学发展观的指导意义，既具体体现在以人的发展为本，英语素养与人文精神的整合发展，以学定教、以教导学、多学精教、不教自学，英语素养与积极的学习态度协调发展，过程、效率与结果有机融合方面，而且还体现在学生的全面发展与个性发展，英语的学与思、知与行，英语知识、技能与交际运用英语的能力，英语与母语、思维与英语，听说读写交际运用英语的能力，学习与习得、交际运用语言能力与综合运用语言能力，输入量与吸收量，以及输出量之间的关系处理等方面。

二、英语教学的语言学基础

历史比较语言学主要研究和比较各种语言变化和发展的历史，比较各种语言的语音、词汇、语法形态结构的变化和发展历史，以便获得各

种语言的相同和不同的构造语系。历史比较语言学研究结果认为，各种语言起源于一种始源语言。语言起源于原始人的喊叫，或对自然界声音的模仿，或始于身体各部位的动作，或对客观事物的象形。英国学者琼斯于 1786 年发表的论文认为拉丁语言、希腊语与梵语的词根和语法结构形态很相似，它们都源于同一始源语，并由此得出各种语言可以相互翻译的结论。历史比较语言学就成了翻译法的理论基础，这也开创了语言学成为外语教育教学的理论基础的先河。为此，外语教学法的研究与教学也开始关注语言学理论对外语教学的指导意义，并力求从语言学理论中寻求外语教学的理论基础。

（一）知识与能力

知识是什么？能力是什么？这是一个当前外语教育界争论的热点问题。外语教育要把知识与能力的概念和含义辨认清楚。为此，必须加强对哲学、语言学（当然也包括心理学、教育学等）的语言知识观和语言运用能力观的理论关注，加深对知识观与能力观的历史发展变化特征的认识，吸收知识观与能力观新的理念，使传统与现代、历史与现实、理论与实践相辅相成和沟通融合。然后，回过头来反思分析外语教育中知识与能力的问题和探索其未来的发展方向，就能看得更清楚、领悟得更透彻和体会得更深刻，就能更好地提升外语教育理论的科学性和实践的有效性。

在有关语言本质的问题上，哲学与语言学的理论紧密相连、互相补充，相得益彰。诸如，索绪尔只研究语言本身，而不注重社会使用的言语；布隆菲尔德采用描写语言学的方法研究语言的结构，而忽视社会实际的言语；乔姆斯基只研究个人的语言习得机制和普遍语法，而不重视社会交际运用语言的探讨。

任何事物，它的内部都包含着本身独有的矛盾，这样就制造出一个事物区别于其他事物的特殊本质。概念的内涵是反映其事物内部固有的特殊矛盾和区别于其他事物的特殊本质，是反映事物的本质特点。因此，明确事物的概念及其内涵，能揭示它的本质特征和实质内涵。交际运用语言能力，是外语课程中最关键的术语和最核心的概念。以哲学和语言学为理论基础，认识语言知识与交际运用语言能力的概念及其实质、内涵和潜藏的因素及其关系，就能直接作用和深刻影响外语教育的方向、性质、价值观、教育目标、教学内容、教学过程、教学策略方法和教学评价等。以哲学和语言学为理论基础，反思、辨别和论证什么是语言知识与语言运用能力的概念、本质特征和潜藏因素及其关系的来龙去脉，就显得具有特别重要的理论和现实意义。

（二）语言与言语

德国哲学家、语言学家洪堡特曾在《人类语言结构的多样性》中指出，语言是人脑内在的一种结构，是说话者的智能部分，是大脑的一种创造性的能力。人们能运用有限的语言手段创造出无限的语言行为。他还提出语言的概念，认为语言是一种外显行为。著名的瑞士语言学家索绪尔强调语言在社会中的作用，语言在人类生活中的作用，人们是怎样运用语言和语言使用规律的。由他的学生根据他讲课内容整理的，号称“语言学领域哥白尼式革命”的语言学专著《普通语言学教程》一书中，索绪尔首先用法语区分了语言和言语这两个既不同又相对应的核心概念。语言学界对这种区分做出了高度的评价，认为区分语言和言语两个相对应的术语，对语言学研究语言本质特征做出了重大的历史贡献。因为区分语言和言语这两个既有区别而又有联系的概念，是最能体现语言本质特征的。

语言等同于语言体系。作为代代相传的一种体系，语言包含语音、词汇、语法结构规则，是一种潜在于一群人的头脑中（或语言社团中）共有的一种抽象的和稳定的体系，是内在于大脑中的一种语法系统或一套普遍规则。因此，语言具有社会性的特征，它决定每个人听、说、读、

写的具体形式。

言语是指语言运用，是指语言“运用”的范畴，是人们说出和听到的话，是人们写出和理解的内容。言语是人们说话表达内容时的内在心智符号和心理生理机制相组合的外化结果。因此也可以说，言语是语句的产出、表达和运用。言语就是运用语言或语言运用，是表现出来的具体内容。它反映讲话人的个人特点，并总是与具体的情境或环境、语境和情意紧密相连的。因此，常因时因地而无限动态地变化。相对于语言来说，言语具有个人性、具体性和变化性等特点。

语言和言语既有区别，又有联系。语言是言语形式，是语音、词汇和语法结构的系统。言语是语言表达的内容，是听到和说出的话语，是运用语言表情达意。这是语言与言语的区别特征，但语言与言语又是紧密联系的两个方面。言语，是一个言语社团说出的话和内容。语言，是从言语中归纳出来的结构形式。一个言语社团说出话的总和，就是该言语社团的语言。

（三）语言结构与实际话语

美国描写主义语言学和结构主义语言学的代表人物，有博厄斯及其学生萨丕尔。他们对美洲印第安人百余种土著语言的描写，开创了描写语言学和结构语言学的先河。布隆菲尔德的《语言论》的出版，标志着结构主义语言学的诞生，并在 20 世纪 30 年代初至 50 年代末，成为世界上占统治地位的语言学流派。布隆菲尔德完全赞同索绪尔把语言区分为语言和言语两个方面的观点，并根据这一观点，把语言区分成语言结构和实际话语两个因素。

语言结构的特征对社团全体说话者来说都是一样的，是语音、语法范畴和词汇等组成的一个严格系统。语言系统，是一个语音、词汇、语法习惯的稳定结构，是一个语言社团可能说出的话的总和。

实际话语（言语）的特征是语言系统未固定的方面，各方面各不相

同，而且在系统的特征上都是因时因地和因具体情境无限变化的。实际上布隆菲尔德描述习惯的、稳定的和严格的语言结构系统与实际话语的区别特点，与索绪尔的语言与言语的内涵完全一致。

（四）语言和言语行为

奥斯汀把说出的语句分类成三种言语行为。一是说出语句行为，主要是指用语言组成的声音，构成符合语法的句子或用表达某些事物意义的综合体来完成的行为。二是用语言做事行为，是指在特定的语境中、特定的条件下，抱有特定的意向说出语句来完成的行为，诸如 threatening、praying、promising 等。三是用语言取效行为，主要是指用语句完成事件并取得效果的行为。塞尔在这个基础上又补充了第四种行为：命题行为。他认为，用语言做事包含着命题和言外之力。词面、句面意义和言外之间是紧密联系的。所以，说出语句时，四种行为，即说出语句行为、用语言做事行为、命题行为和用语言取效行为，是同时实现的。

塞尔根据用语言做事行为的四个条件或四条标准，进一步对用语言做事行为进行了分类。这四条标准：一是基本条件，说出语句的意向（目的）；二是真诚条件，呈现出的心态；三是先决条件，合适的方向，即语句与世界的关系；四是命题条件，命题。他还根据这四条标准把用语言做事行为分成五类。

（1）断言行为：指描述世界上的状况或事件的言语行为。诸如 assertion、state、affirm、deny、report、conclude 等。

This is a Chinese car.

（2）指示行为：指具有使听话者做某些事的功能的言语行为。诸如 suggest、order、request、command、demand、ask、insist 等。

Why don’t you close the window? （suggest）

（3）承诺行为：指说话者将承担做某些事的言语行为。诸如 promise、swear、threat、guarantee、offer、pledge 等。

I'll take you to the movies tomorrow.（promise）

（4）表达行为：指说话者表达对某事的情感和态度的言语行为。诸如 thank、apologize、congratulate、complain、welcome、deplore 等。

Thank you for help.（thank）

（5）宣告行为：指改变某事状况的言语行为。诸如 name、define、declare、resign、nominate 等。

I now pronounce you man and wife.（declare）

奥斯汀和塞尔提倡的言语行为，在语言教学和教学大纲设计中常被用作语言功能。

索绪尔、奥斯汀和塞尔对语言和言语区分的观点基本相似。他们都把言语看作是说话，是语言运用，是听、说、读、写、运用语言，仅后两者把说话进一步看作是言语行为，用语言做事的行为。他们对语言的观点更是雷同，见表 1-1。

表 1-1　索绪尔、奥斯汀和塞尔的语言观对比表

索绪尔	奥斯汀、塞尔
语言是社会产品	语言是社会现象，是文化的载体
语言是社团心智的产物	语言源于心智的意向
语言规则系统存在于个人的大脑中	语言行为要遵循社会使用规则
交际要符合语言规则系统和社会使用规则	用语言做事行为受意向和社会使用规则制约

（五）语言行为潜能和实际语言行为

以捷克语言学家马泰休斯、波兰社会人类学家马林诺夫斯基、英国语言学家弗斯及其学生韩礼德为代表的英国社会语言学派，即功能语言学派，把语言看作是社会现象，是人类生活的一种方式，是人们社会活动的有机组成部分。由此，他们跳出了语言形式研究的局限性。

韩礼德根据言语行为理论，进一步发展研究语言功能理论。正如韩礼德所说："语言学……应关注……言语行为或文本，只要通过使用语，即所有的语言功能的研究，那么所有意义部分就凸显成为中心。”言语行为是用语言做事，语言功能是指有意义地使用语言，也指用语言做事。语言功能实际上就是言语行为。韩礼德描述，儿童学习使用母语时的七个基本语言运用功能如下。

（1）工具功能：用语言取物。

（2）调节功能：用语言控制他人的行为。

（3）互动功能：用语言与他人互动。

（4）个人功能：用语言表达情意。

（5）启示功能：用语言学习和发现。

（6）想象功能：用语言创造一个想象的世界。

（7）陈述功能：用语言交流信息。

韩礼德选用语言行为潜能和实际语言行为两个概念来替代索绪尔的语言与言语和乔姆斯基的语言能力与语言运用的概念。三人在言语问题上的观点基本上是一致的。他们都认为，言语是说话者实际说出的话。韩礼德对语言问题则有自己独特的看法。他认为，语言不是一种“知识”或“知”的方式。语言是一种“做事”的方式，是说话者在语言和文化上选择的范围，即言语行为、能做事的范围。语言是说话者“能做”的事，言语是说话者“实际做了”的事。言语是要得体地使用语言，要根据特定的时间、地点、人物、怎么说、说什么话。人们可通过语境变化、交际文体差异、交际双方的社会身份和关系来预见学生用语言做事。

（六）语言与交际能力

英国社会语言家海姆斯基于言语行为理论和功能语言学理论：语言功能，是言语行为，是用语言做事的观点，对比乔姆斯基的“语言能力”后，先确定了的是交际能力的概念。海姆斯认为，一个获得交际能力的人，他必须获得语言知识和使用语言的能力。

海姆斯和威德森等认为，语言是为了交际，作为语言知识的语言能

力则是交际能力的一个组成部分。一个获得交际能力的人，他必须既获得语言知识，又获得使用语言的能力。他运用掌握的语言知识，造出了适合语法的句子。还运用掌握的语言规则，非常得体地使用语言。因此，如果不懂使用规则，只是单纯地掌握语法规则，也是没有用的。交际能力的四个特征表现如下。

（1）能分辨并组造出适合语法的句子。

（2）能判断语言形式环境并在其中得体地使用语言。

（3）能在实际的语言环境中非常恰当地使用语言。

（4）能清楚语言是实际交往中常用的和受限定的。

海姆斯提出交际能力实际上包含了语言知识和语言运用两个方面，并规范了它的可接受性、可行性、适合性和实用性的四个特征或四个标准。由于定义交际能力不存在一个具体客观的标准，因此，海姆斯的交际能力的四个特征，也并未达到公认的权威性和科学性的程度，也并未为社会语言学家、功能语言理论提倡者所一致接受。人们还纷纷提出各种不同的标准和概念，简述如下。

朱姆比的交际能力四特征：表达意图、具有信息差、有情境上下文、语言力求真实。

卡纳尔和斯温的交际能力四特征：语法能力（语言能力）、社会语言能力（得体性）、话语能力、策略能力。

彼得罗的交际能力四特征：语法形式能力、语言功能的社会文化能力、达到目的的心理能力、言语行为能力。

约翰逊和莫罗的交际能力三特征：具有信息差、选择、反馈。

利特尔伍德的交际能力四特征：语言能力、认识语言形式的交际能力、具体情境中交流思想的能力、语言形式的社会意义能力。

萨维尼翁的交际能力三特征：语法能力、社会语言能力、随机应变能力。

理查德、丁.普拉特、H.普拉特的交际能力四特征：语言的语法和词汇知识、说话规则的知识、懂得如何使用和对各种不同类型的言语行为

做出回答（反应）、懂得如何得体地使用语言。

哈德逊的交际能力三特征：语法能力、语用能力、社会文化能力。

《牛津语言学词典》（Oxford Dictionary of Linguistics）中对交际能力是这样定义的：“一个说话者在一个社团中熟练地运用语言规则和惯例等的整套知识。这是 20 世纪 60 年代后期，海姆斯用以区别乔姆斯基把能力概念限制在语法知识范围内而提出的。”（A speaker's knowledge of the total set of rules，conventions，etc. governing the skilled use of language in a society. Distinguished by D Hymes in the late 1960s from Chomsky's concept of competence，in the restricted sense of knowledge of a grammar. Oxford Concise Dictionary of Linguistics，1997.）

根据这个交际能力的定义，对比包括海姆斯在内的上述诸多语言学家和语言教学法家所赋予交际能力的特征，我们可清楚地看出，如果把个别人即 Canal 和 Swan 的策略能力剔除在外，那么上述各家的特征基本上都包含在这条定义规定的范畴之内。而海姆斯和理查德等提出的四个特征，也更趋同于该交际能力的定义。因此，交际能力主要蕴含语言知识和语言运用两大因素。

（1）语言知识即语言能力，是指语言的语音、词汇、语法结构和使用语言规则的知识，以及用语言做事的功能等的知识。

（2）语言运用即社会语言能力和运用能力，是指运用语言实现交际功能的能力。

（七）知与行

1991 年 4 月，美国总统布什签署的《美国 2000 年教育战略》和 2002 年 1 月 8 日，美国国会通过的《不让一个孩子掉队法》，以及 1996 年颁布、1999 修订公布的《迎接 21 世纪外语学习标准》中多次明确提出外语教育的目标是“要求学生完成知道什么和能做什么事的任务”。这与威德森提出的知和做两个概念是完全一致的。威德森说得非常简练和清晰，

语言学习包含两个方面：知和做或行。知是反映知道语言知识，是语言能力即语音、词汇、语法等语言结构的知识。做或行是指用语言做事，即言语、语言运用能力、言语行为、交际的能力和交际运用语言能力。其实，美国外语学习中知与行的概念和功能的区分，恰恰又回归到我国优秀传统、博大精深的知行合一、学问思辨行的哲学、文化、教育的理念之中。

三、英语教学的心理学基础

（一）主要的心理学理论

1. 官能心理学

官能心理学起源于古希腊的灵魂官能说和笛卡尔的心灵实体论的哲学观。它在一定程度上影响了欧洲文艺复兴时期的拉丁语外语教育、课程与教学。从 17 世纪至 19 世纪，西方学校教育以官能心理学为理论基础，始终把拉丁语、希腊语、阿拉伯语等古典语言作为训练心灵的最佳学科。

官能心理学的创始人是沃尔夫。他认为人的心灵可划分为不同的官能，它们是可以单独加以训练发展的。而繁杂的古典语言拉丁语的文法是训练学生记忆能力和促进逻辑思维能力的理想材料，通过讲解、操练语法规则，阅读、翻译课文和原著可以达到发展学生智慧的目的。外语课程翻译结构形态及后来教育中流行的形式训练说，都是在官能心理学的理论基础上发展起来的。

2. 联想主义心理学

在心理学史上，英国哲学家洛克第一个提出了“联想”这个概念。早期的联想主义认为，人类是通过经验获得知识和观念的，学习是由观

念联想构成的。

桑代克是用动物进行实验研究的代表人物之一，他用在迷津状态下的猫进行了动物学习的实验，揭示了动物式学习的过程。在他看来，人与动物的学习方式无异，都是刺激和反应联结的加强，无须意识的参与，不过人类的学习方式可能要复杂些。他根据实验的结果，提出了准备律、效果律、练习律等学习定律。直接法主张外语的词语与实物、行动之间建立联想关系，这与联想主义心理学相关。外语课程中的直接和情境结构形态的联结也深受联想主义心理学的影响。它们的代表人物斯威特认为，语言的整个学习过程是形成联想的过程。帕默也认为语言学习是形成习惯和自动化的过程。

苏联的巴甫洛夫用狗做了经典条件反射作用的实验。实验结果认为，条件反射是在非条件反射基础上形成的暂时神经联系，使动物生活适应环境的变化。如果暂时神经联系获得进一步巩固，就会形成动力定型，养成自动化的习惯。晚年他还创建了两种信号系统学说：第一信号系统学说（以具体事物为条件刺激）和第二信号系统学说（以词语为条件刺激），引起动物条件反射。两种信号系统学说认为，词语第二信号系统与具体事物第一信号系统一样都能引起动物条件反射。外语自觉对比法依靠本族语的原则就是建立在已有的母语第二信号系统的理论基础之上的。

3. 行为主义心理学

行为主义心理学是20世纪上半叶在北美乃至世界各地占统治地位的心理学流派。华生是行为主义心理学的奠基人，他把行为而不是意识当作研究的客观对象，否定人的意识作用，认为人的学习行为，包括情绪反应，是“刺激反应联结（S—R bond）”的结果。

行为主义心理学在20世纪20年代有了新的发展，其中有影响的代表人物是托尔曼赫尔、奥斯古德等，他们认为在刺激与反应之间存在着

中介变量。而以斯金纳为代表的新行为主义影响最大，他用白鼠和斯金纳箱做实验，除了证明经典条件作用应答性行为学习之外，他还首创了操作性条件作用的原理，而操作性条件作用模式则又是可用来解释基于操作性行为的学习行为。他称此为“强化类条件作用”，并用公式表示：刺激（S）—反应（R）—强化（R）。在他看来，言语行为同非言语行为一样，也是由一连串 S—R 联结和获得强化而形成的习惯行为。

联想和刺激、反应、强化是学习和记忆的基础，它们是听说法的理论基础。听说法认为，外语学习是形成一个习惯的过程，而习惯是通过刺激—反应—强化来形成和巩固的。

4. 认知心理学

美国的乔姆斯基提出的理性主义猛烈抨击语言学习经验主义的行为主义理论。他创立的转换生成语法理论认为，语言是受规则系统支配的语言，人类的绝大多数语言运用不是行为模仿，而是从隐含着的抽象规则中创造出新的句子，句子不是模仿和重复所得的，而是由学习者的语言能力（内在的语言知识结构）转换而成的。与此同时，认知心理学也反对刺激、反应二元说，认为在刺激和反应之间还存在有机体的思维活动（S—0—R），强调人的心理认识过程。皮亚杰的新旧知识同化成新的结构 S—（AT）—R 理论，个体同化（A）于认知结构（T）之中的观点；布鲁纳的掌握知识的基本结构观点和发现法；奥苏贝尔的有意义学习等，都成了外语课程认知结构形态、交际结构形态和教学法体系的认知心理学的基础理论。

5. 人本主义心理学

人本主义心理学的创始人是马斯洛和罗杰斯。此理论产生于 20 世纪 60 年代的美国。人本主义心理学是当时盛行的行为主义心理学派和精神分析学派这两股思潮相对抗的结果。由于它不同于两股心理学思潮，所以称“第三思潮”或“第三力量”。它认为行为主义是机械的，忽视人的情感反应，而弗洛伊德心理学则过分强调人的无意识情绪，怀疑个人动机。与此两股思潮相反，马斯洛强调人的主观活动，第一次把“自我实现”和“人的潜能”引入心理学。以人本主义心理学为基础的教育是以“人的能力的发展”为目的的，期盼把人培养成自由的人，达到自我实现的价值。这意味着人格的其他部分发展成长与智力发展同等重要。这样的人才是知行合一的人，是完整的人。学生是作为完整的人而存在的。人本主义心理学强调认知与情志的统一，形成自我实现的人格。由此可见，学校教育要以学生的发展为中心，强调学生的实践，防止抑制学生学习中的身体活动、认知能力和语言活动，并且发扬学生之间、师生之间的探究合作，发展良好的人际关系，来营造一种宽松的心理氛围。这些学说无疑给传统的教育思想带来了极大的冲击，也向教师提出了严峻的挑战。

人本主义心理学的思想影响了 20 世纪 70 年代的外语教育。先后出现了一系列外语课程结构形态，如社团学习、沉默、暗示、全身反应、自然和合作学习结构形态和方法体系等。

（二）心理学的知识观对英语课程与教学的作用

1. 心理学的知识观

我国教育对知识的定义是从哲学认识论的角度来进行描述的：“所谓知识，就它反映的内容而言，是客观事物的属性与联系的反映，是客观世界在人脑中的主观印象。就它反映的活动形式而言，有时表现为主体对事物的感性知觉或表象，属于感性知识；有时表现为关于事物的概念或规律，属于理性知识。”知识是对事物属性与联系的认识，表现为对事物的知觉、表象、概念、法则等心理形式的认识。

认知心理学（信息加工心理学）、心理语言学则是使用信息加工理论来定义知识的。知识是“个体通过与其环境相互作用后获得的信息及其组织。被储存于个体之内，即为个体的知识，通过书籍或其他媒介储存

于个体之外，即为人类的知识”。它与传统知识观从哲学认识论角度研究知识不同，认知心理学、心理语言学侧重研究的是个体习得知识的性质、类型及获得的过程与条件。它不仅研究知识如何储存和提取，还研究知识如何应用。认知心理学区分了认知领域的知识，即复述性知识、流程性知识及方法性知识。

复述性知识是个人具有能够提取线索，并能直接复述信息，来回答“是什么、为什么、怎么样”的问题，可以用语言来表达和传递，如英语单词的意思、现在进行时的概念、构成形式、意义和用法等。

流程性知识也称智慧技能，是指个人在无意识的情况下来提取线索，所以它的存在只能借助某种形式间接推测而形成知识。如学生能用动词的适当形式完成句子、概括课文主旨等都表明学生具备了相应的程序性知识。

方法性知识也称认知策略，是一种特殊类型的程序性知识，主要用于调控自身认知过程，以提高学习效率。如为了记忆一个英语单词，学生可运用联想、构词法、同义、反义、组词等不同的策略。

我国教育知识观中的知识相当于认知心理学中的一种陈述性知识，主要是核心的事实和概念，只涉及知识的储存和提取，是一种记忆性知识，而技能与能力又是单列的。

2. 心理学知识观对英语课程与教学的影响

（1）心理学的知识分类与英语课程的目标框架。2001 年我国颁布的《全日制义务教育普通高级中学英语课程标准》确定了课程目标。“语言知识、文化意识相当于陈述性知识。听、说、读、写技能雷同于智慧技能和动作技能，即程序性知识。过程与方法相当于学习策略方法性知识。情感态度与价值观则雷同于情感态度。”看来，将过程作为英语课程标准的三个维度似乎有些牵强附会。在英语学科中，课程的目标体系不仅需要体现学科特点，而且也需反映课程改革的总体指导思想。

其实，课程不仅要关注认知领域（陈述性知识和程序性知识），夯实知识与技能双基，而且也需要将目光投向交际运用语言能力（也属于程序性知识）、人的思想情感和伦理道德品质、信念，甚至还需关注智力、个性发展，跨文化知识与能力和自学能力的培养，旨在体现学生全面发展的价值取向。外语课程的建设、发展和实施的目的在于恢复英语学科本身的多元价值，拓展和深化英语学科的教育功能，使学生在发展英语素养过程的同时成为发展智慧能力、情感意志、思想文化、自学能力，以及形成积极有效学习辩证思维和正确思想观念的过程。这不但体现了语言学科工具性和人文性的学科性质，而且也反映了学生全面发展的素质要求。

（2）英语教材中的知识类型与教师对教材的理解和使用程度。由于教材自身固有的话语体系和话语方式，教材内容比较容易呈现出陈述性知识，而在提示程序性知识方面有一定的局限性。传统教材受“学科中心”和“教材中心”思想的束缚，过分强调了英语学科的知识体系（如语法、结构等），或陈述性知识。而改革开放以来，新的英语教学大纲、课程标准、英语教材试图通过一些言语活动和语言活动的设计来提示教师，为陈述性知识向程序性知识的转化提供了多种可能。但是，教材的编写也存在一定的“拿来主义”现象。另外，教材只是教师进行教学的工具和辅助材料，教材中的活动或练习未必都能适合教师自己的英语教育教学情境，不假思索地照本宣科，不但达不到两类知识的转化目标，而且可能因知识缺失交际应用的成功感而挫伤学生学习英语的积极性。因此，教师必须基于具体英语教育教学情境设计精要的、多样的变式练习或技能训练活动，使学生超越语言知识（陈述性知识）的掌握，达到言语技能，以至言语交际运用（程序性知识）的目标。

外语课程、教材、教学既不能忽视程序性知识，也不能无视陈述性知识，更不能轻视两种知识的互动转换。但是，从 21 世纪初起，我国英语课程与教学目标设置却违背了这一方向，既忽视程序性知识，如忽视

交际性运用英语的能力（有时又提出过高的要求：培养交际能力、跨文化交际能力、外语思维能力），又无视陈述性知识，如淡化语法，更轻视两种知识之间的转化，如习得英语能力，在交际中学会交际能力。甚至还提出基础教育阶段英语课程的总体目标就是培养学生的综合语言运用能力。这样，培养学生的综合语言运用能力成为英语课程总目标的唯一目标，而置其他核心目标于不顾。如若对比美国的外语学习标准，五个核心目标图用五个圆圈、五环平衡相连，处在同一层面标志，而我国的英语课程标准的总目标图却只有一个核心目标，独处中央，一枝独秀。

再说策略性知识，一般英语教材中鲜有它的身影，传统的以英语学科知识为主导的教材更是如此。2001 年后的新教材虽然注意到这方面的知识，但它在教材中可能也是隐性的或不够系统的，况且这种策略往往带有实践性和个人化特征，因此，这种知识的学习容易受到教师的忽视。教师往往只看到教材中呈现的大量的陈述性知识和大量的语言、活动、任务活动等程序性知识，但由于没有正确课程观的引导和未能认识到策略性知识对学生语言学习和发展的价值，也因为它不是考试中直接测量的指标，他们对策略性知识视而不见，也不予理会。策略性知识有利于培养学生自学能力，是学生必不可少的知识储备。策略性知识的教学不仅需要教师针对教材内容有意识地培养和训练，也需要教师引导学生不断地反思和总结。

与学习策略一样，情感态度、文化意识和能力、智慧能力的发展是英语课程之中较为隐性的课程目标，它们在英语教材中往往难以直接呈现，也难以被学生直接观察和掌握，而需要凭借学生的学习过程加以实现。它们不是独立于语言知识和语言技能学习以外的目标，而是始终伴随着语言学习过程而存在，并且无法简单地被传授，需要引起英语课程、教材对它们的关注。为了凸显它们的地位和价值，在学理层面上有必要暂时对它们进行区分说明。但是在实践操作层面，它们却是融为一体的。

总之，英语教材里面的内容虽然体现着教材设计者对知识本质的理解，但是教程毕竟是静止的，教师在课堂教学中怎么运用教材是教师本人的认知观所决定的。如果教师心中只有知识目标（陈述性知识），那么在运用教材过程中就必然无视技能、能力和其他知识、能力目标。如若教师心中只有交际能力和跨文化交际能力，那么使用教材就会忽视夯实双基。其结果都会导致学生只关注英语知识，或只重视发展跨文化交际能力，却都忽视了英语素养和人的全面发展。

（3）英语教学要重视知识类型之间的转化。人们一般认为，教师在教学中起主导作用，这个“导”主要是指引导。从现代心理学和心理语言学的信息加工理论知识观的角度，教师主“导”主要体现在教师引导学生掌握陈述性知识、程序性知识、策略性知识及其各类知识之间的相互转化过程中。

在英语教学中，过去人们只重视语音、语法、词汇等语言知识的教学，教师偏重演绎式的讲解和传授，学生机械地死记硬背，结果学生记了一大堆的语言知识却不知怎样应用。学生的技能（听、说、读、写）学习也是畸形发展、残缺不全，听、说训练完全被忽视，造成了普遍性的“聋子”和“哑巴”现象，即便最受重视的“读”，也只停留于字面意义的理解，缺少思维深层意义和文化含义的深度挖掘，而对于阅读技能和策略的学习则更是少有问津。至于“写”，则是不到应考冲刺阶段不“显身”，原因是担心它挤占原本有限的知识教学时间。当然，造成这种现象的原因是十分复杂的。但从心理学的知识观看，这反映了对陈述性知识的过分重视，而对程序性知识的片面理解和对策略性知识的漠视。

21 世纪以来，轰轰烈烈的英语课程与教学改革的钟摆又摇向另一极端，“在交际中培养交际能力”的影响下，强调培养学生交际能力、跨文化交际能力和外语思维能力，却淡化了语法知识，忽视语音、词汇、语法知识的学习和操练，结果学生在使用中出现大量的语言知识性错误，又不及时纠正。另外，缺少或缺失语言扎实的基础，学生的用、做也变得畸形，交际能力或跨文化交际能力也难以呈现。

针对我国英语教学中的问题，教师需在促进学生知识转化问题上有所作为。

（1）从陈述性知识向程序性知识转化。在陈述性知识如何向程序性知识转化的问题上，关键是陈述性知识的程序化问题。安得森曾对“程序化”问题做过阐述。这一过程的核心是陈述性知识的技能化或能力化、程序化或自动化。在英语学科中，必要的语言知识是学生形成语言运用能力的基础，但仅掌握语言知识是不够的，它必须经过大量的练习和运用才能使其程序化，才能转化为语言技能和交际运用语言的能力（程序性知识）。以英语现在进行时的教学为例，如果学生掌握了进行时的概念和构成形式，但在实际交际情境中却不知其意思、不能理解和运用，这说明他缺乏一个程序化的过程。教师必须增加变式的练习，随着练习的增加，陈述性知识就能转化为程序性知识，最终形成自动化的交际技能。这时，学生就不用死记硬背那些语言知识，也能初步进行交际了。

（2）从流程性知识向复述性知识转化。语言学习不仅能从陈述性知识转化为程序性知识，而且还可以反向运行，即在使用程序性知识的过程中加深对概念的理解，获得新的陈述性知识，实现程序性知识向陈述性知识的转化。为此，在交际过程中教师可以明示某些陈述性知识，让学生通过有意识的重构，将程序性知识转化为陈述性知识。如果没有这一步，很多学生可能在交际中能流利表达，却语误百出，长此以往，就会导致语言的“石化现象”。为防止这一现象发生，约翰逊也提出程序性知识必须“陈述化”，如目前中小学使用的教材大多先行培养学生的听说能力，教师须在学生掌握了一定的程序性知识后使陈述性知识明晰化，才能让学生对学过的知识重新认识，以提升他们的语言意识，防止出现“课上兴高采烈，考场黯然神伤”的现象。当然，掌握陈述性知识不是教学的终极目标，学生在理解知识、结构和概念后，还可以进一步在创设或真实交际情境中广泛应用，以达到对语言形式的自动化运用。因此，知识转化不一定是复述性知识向流程性知识的单向运行，也可以是两种

知识的双向转化。从陈述性知识向程序性知识转化和从程序性知识向陈述性知识转化代表了两种不同的学习路径，它们本质上无优劣之分，更多是互为补充。选用何种路径受到各种因素的影响，理想的学习效果是两者并用。

（3）程序性知识和策略性知识之间的转化。策略是一种特殊的、技巧性的程序性知识。如学生在运用知识进行听说读写过程中都会有意或无意地使用一些技巧性策略，这种策略实际上就是一种关于如何有效交际的程序性知识。学生学习英语不仅要从陈述性知识（语言知识）向程序性知识（听、说、读、写）转化，也要学会从一般的程序性知识向策略性知识转化，以提高运用语言的效率。如英语阅读中，学生针对不同的阅读目的和任务采取不同的阅读策略，为了了解文章大意进行浏览阅读，为捕捉具体信息而采用跳读策略，对生词也可实施多种猜词策略。一方面，教师要在学生掌握一定语言知识的基础上，逐步培养学生的阅读能力。通过大量阅读练习，让学生获得阅读的策略性知识，从而实现程序性知识向策略性知识的转化；另一方面，教师也可有意识地训练学生的这种策略意识，以提高学生运用语言（程序性知识）的能力和效率。

另外一种策略虽然不涉足学生的认知过程，却对学生学习起着自我管理和自我监控的作用，那就是元认知策略。它在一般意义上回答了如何更有效地学习和思维，对自己的学习过程进行调控。如明确自己的学习目标、制订学习计划以把握学习机会、反思经验与不足、总结有效的学习方法和进行自我评价等。

策略性知识不仅可帮助学生提高学习的效率，让学生学得轻松、学得高效，也有利于学生进一步了解自己、管理自己，使学生最终成为具有较强自学能力的自主学习者。

综上所述，从现代心理学和心理语言学知识观的视角看英语课程与教学，不仅识别英语课程、教材、教学中不同的知识类型，也使我们认识到不同知识类型之间的连续性及其相互之间的转化，从而更加辩证地

看待英语教学中的知识、技能和能力之间的关系问题。

（三）默会知识和外语课程与教学

1. 默会知识论

（1）明确知识和默会知识。1958年，英国科学家和哲学家波兰尼明确区分了“明确知识”（又称“显性知识”）和“默会知识”（又称“缄默知识急性知识”“内隐知识”）：“人类有两种知识。通常所说的知识是用书面文字或地图、数学公式来表述的，这只是知识的一种形式。还有一种知识是不能系统表述的，例如，有关自己行为的某种知识。如果我们将前一种知识称为明确知识的话，那么我们就可以将后一种知识称为默会知识。”

明确知识是能够通过语言、文字或符号等方式表达出来的知识，其他类型的知识则为“默会知识”。默会知识是一种不能明言的知识，它“只能意会，不可言传”。在日常生活中都能感觉到它的存在。从数量上看，它甚至超过明确知识。相比默会知识，明确知识犹如冰山一角，而大量的默会知识则隐藏在冰山底部。

波兰尼不仅强调默会知识的存在，而且强调默会知识的优先性。心灵的默会能力在人类认识的各个层次上都起着主导性的决定作用。任何通过语言和其他符号呈现的明确知识都依赖于默会知识的存在，都必须有默会知识的支撑，人类的认知过程本质上是默会的。无论是明确知识还是默会知识，都是物质世界和现实社会生活在人的意识观念中的反映。因此，在外语课程与教学中要关注明确知识，更要重视默会知识。

（2）默会知识具有个体性特征。波兰尼的默会知识论强调认识和认识主体的不可分割性，反对“没有认识主体的认识论”，反对人的“淡出”。默会知识是一种个人知识。

在明确知识学习过程中，对知识获得起作用的是默会知识，学习者接受明确知识的程度或结果取决于本人能否用自己的默会能力赋予名

言、符号以意义，取决于本人能否充分发挥主观能动性和创造性，而且，不同学习者凭借各自的默会知识，主观能动性和创造性对同样的知识会赋予不同的理解。很难想象，没有个体默会的“协同性因素”，这种理解会得以产生。

作为一种不能明言的知识，默会知识具有一系列与明确知识不同的特征，主要有五个：非逻辑性、非公共性、非批判性、情境性和文化性。

2. 默会知识论对英语课程与教学的启示

（1）关注学生的默会知识，凸显学生个体的主体性。传统的教学只重视明确知识的传递过程，教师把自己定为知识“传递者”的角色，将学生视为“无知”的知识接受体，学生个体的默会知识完全受到人们的忽视。应该认识到，学习者来到课堂不仅带来了眼睛、耳朵和嘴巴，而且带来了各自的默会知识。他们身上存在着一系列影响个体学习知识的“个体协同性因素”，包括个体经验、情感、判断、评价、想象、直觉、理智、激情、信仰或者困惑、责任、良心等。尽管这些知识的存在是隐性的、不明确的或不完善的，但对于学习者的学习具有支撑作用。教师不仅要认识到这种默会知识的存在，而且要发现和研究它们。

教师教学时必须将学生不能明言的默会知识纳入考虑范围。教材呈现的一般都是明确知识，学生依赖自己的默会知识对教材内容进行各自独特的理解、阐释、综合和运用。默会知识具有个体性特征，学习者接受明确知识传授的结果取决于本人能否用自己的默会能力赋予明言符号以意义，学生是学习认知的主体。因此，教师在研究教材内容、结构及其教学方法的同时，必须考虑：学生已经掌握了哪些明确知识？学生在相应问题上可能存在哪些默会知识和默会的认识模式？学生由于生活背景、学习经验和文化背景的差异，其英语学习的默会知识和默会认识也有所不同，如何帮助学生显现默会知识和默会的认识模式，并对它们进行检验、反思、修正和利用？如教师在引导学生阅读篇章时，应对学生

具备的知识有所估测。不仅要善于调动和利用学生的默会知识对文章中的知识、内容和结构进行理解，还要引导学生进行合理的猜测、推理和判断。当学生因文化背景不同导致其默会知识干扰了他们的正确理解时，教师也要给予一定的修正。总之，教师要善于挖掘和利用学生的默会知识，使深藏于冰山之下的默会知识对学习明确知识发挥积极的作用。

（2）提供大量“理解性输入”，促进语言学习和习得。克拉申曾经提出“输入假设”，认为学习者提供大量“理解性输入”（听和读）有助于语言习得。他区分了语言“习得”和“学习”两个概念，认为习得是在非正规教学（自然环境）中无意识地获得语言能力的过程，而学习是在正式教学中有意识地学习语言规则的过程。尽管克拉申提出的学习是习得之果，而非习得之因，学习不能导致习得的观点未免过于片面，但是，在自然情境中无意识习得有助于在正式情境中的有意识学习。因此，自然的语言输入就显得十分重要。如果从默会知识论的角度来看，习得强调默会地获得语言能力的过程，学习则是明确知识的接受过程，而且明确知识的接受也必须以默会知识为基础。克拉申十分强调语言输入（听和读）对语言习得的重要性，承认语言学习有一个“沉默期”，当输入进行到一定时候，学习者就可以自动地输出（表达）了。由此认为，他相信学习者用默会的认识方式来习得语言的运用能力，而学习者学习语言知识（明确知识）也必须借助他们的默会知识。不难看出，语言习得说也十分同意并强调默会知识。

理解性输入是指稍超出学生现有水平的语言输入，克拉申曾用“i+1”加以说明：i指的是学习者目前的语言水平，“i+1”则是学习者按习得顺序紧随其后的阶段，即稍超出目前水平的阶段。学生凭借一定的情境和语境、超语言信息，以及有关世界的知识使理解得以产生，从而使学生从i阶段过渡到“i+1”阶段。这种看来自然的理解过程正说明了学生默会知识的存在和重要作用。因此，教师在课堂教学情境中应为学生提供足量自然的可理解性语言输入，让他们充分调用自己的默会知识，促

进学生的内隐（默会）学习过程。默会知识本质上是一种理解力，因此，与传统的语言知识的灌输相比，让学生接受大量的语言输入以促进其默会学习的方式显得更为自动、自然，从某种意义上说也更为有效。

（3）为教学内容提供更多情境支持，提高学生的理解力。明确知识对于默会知识具有的作用，无论在语言习得前阶段，还是在明言表述阶段，默会知识都具有极大的作用。儿童以惊人的速度习得母语、进行人际交流和应对外部信息和事件，这可归结于儿童默会的力量。当学习者在母语环境中学习外语或第二语言时，由于缺乏足够的默会知识的支持，他们也就不能像运用母语那样自如地运用外语。

默会知识的作用启示我们，即使学生在语言学习初期，也不必先进行明确的语法知识教学，而应当通过提供适当的语言情境，促使学生运用默会的方式学习语言技能和习得语言运用能力。情境以整体的方式作用于人，人通过对情境的直觉把握和领悟，从而理解语言、运用语言。教材中的知识多为明确知识，而明确知识的讲授必须根植于学生默会的理解之中。由于默会知识具有情境依附性特征，教师必须针对教材内容设置丰富多样的情境，让情境自动地唤醒默会知识，促使学习者默会地理解语言和语言运用的规则，为教学内容提供情境支持的本质目的是提高学生的理解和运用能力。

同时，应认识到，无论承认与否，默会知识在教育教学活动中自发地产生影响。它对明确知识的影响既可能是正面的，也可能是负面的。我国学生学习英语的最终目的是能进行跨文化交际和沟通思想情感。而跨文化交际的障碍不仅来源于显性的社会规则，而且也来源于隐性的社会规则。人们的交际行为都受到那些深深根植于社会文化传统的“潜规则”的支配。因此，教师设置情境也要考虑到默会的社会和人文知识“体系”，使学生的默会知识体系得到检查、修正或应用，克服它对教学过程的消极影响。

（4）重新看待英语学习过程中活动和语感的价值。明确知识一般是

通过正规的教育教学传播，为人共享，而默会知识的获得则主要通过经验来获得，即实践途径。这是波兰尼及其他研究者的共识。因此，不能忽视默会知识的存在。教育教学既要强调实践能促进明确知识，又要重视默会知识对明确知识的推动作用。英语教学也如此，既要加强教材中的练习或课堂中的语言活动、操练语言技能，巩固语言知识，也应重视默会知识对理解和交际运用英语能力的促进作用。如今英语教学界比以往任何时候都重视活动或语感，但除了巩固语言知识、操练语言技能、交际运用语言能力以外，很少有人想到它有别的价值，这都是明确知识观在起作用。如果从默会知识的角度来看，活动或语感不仅能唤起学习者已有的默会知识和默会认知模式，帮助他们完成任务，而且能通过人与人的交流和互动，检查、显现和修正各自的默会知识和默会认知模式。更为重要的是，活动过程中生成和发展了除明确知识以外的默会知识，激发学生的内隐学习过程。这一过程实际上也是形成语感的过程。不但如此，这种默会的认知过程已经超出了语言学习的“语感”范畴，而且还拓展到与问题情境相关的默会认识模式，以及情感、态度、信念和价值观念等。

第二节　大学英语教学现状及教学改革中出现的问题

一、大学英语教学现状

1999 年《大学英语教学大纲》（修订版）颁布以后，遭到了不少批评，部分专家认为修订版的《大学英语教学大纲》从制定伊始就落后于时代的需求。原因在于，调查发现学生普遍认为在英语各项技能中，听、说能力最难；学生也迫切希望发展听、说能力；社会用人单位对毕业生听、说能力的要求也先于其他技能。因而，在英语教学中“从加强听说能力入手，怎样强调也不为过分”，这就迫切需要改正先前教学大纲中将阅读能力放在第一位的实践。此外，东部沿海与西部内陆之间、城市与农村之间、重点院校与非重点院校之间的英语教学实际差距也较明显。为了弥补 1999 年教学大纲的不足、顺应时代发展的需求，在充分考虑地区差异、校际差异的基础上，教育部于 2002 年开始了新一轮的大学英语教学改革，并于 2004 年颁布实施了《大学英语课程教学要求（试行）》，大学英语教学重点从培养学生的阅读能力转至强调听、说能力。该大纲将教学目标分为不同的层次，比较富有弹性，且很好地与高中英语教学衔接。

除改革原有教学大纲外，教育部还先后在复旦大学、上海交通大学、北京大学、南京大学、东南大学等院校开展大学英语精品课程建设。与此同时，教育部还选出全国 180 所高等院校开展大学英语教学改革试点工作。

在教学方法上，《大学英语课程教学要求（试行）》提倡采用计算机、网络、多媒体等技术辅助教学，一大批多媒体教室、语音室、自主学习室在各高校相继建成并投入使用，清华大学、高等教育出版社等机构更是开发了“集趣味性、交互性、自主性、可管理性于一身，采用了最新的语音合成与识别、视频等最新软件技术”的英语学习软件，提高了学生学习英语的兴趣与效率，深化了大学英语教学改革。

与此同时，针对学生自身的测试与评价也得到逐步地完善。要改革的是大学英语四、六级考试：四、六级考试总分改为 710 分，不设及格线，成绩报告由颁发考试合格证书变为发放成绩报告单。此外，大学英语教学又开始强调过程性评估，但是必须维持在原有终结性评测的基础上。主要内容是“学生自我评估、学生相互评估、教师对学生评估、教务部门对学生评估等，可采取课堂学习活动评比、课外作业评定、课外活动参与和点评、学习效果自评、平时测验等形式”。评测形式灵活多样，

对实现教、考分离，尽快使大学英语教学脱离应试教学的窠臼具有积极意义。

目前全国大部分高校的学生正在采用以计算机为主导的个性化、交互式学习，学生反映良好，学习积极性也大大提高，听、说能力都有较大增长。

二、大学英语教学改革中出现的问题

2002 年以后，我国大学英语教学发生了剧烈的变化——新的教学技术不断被应用，新的教学理念不断被贯彻，新的教学方法不断被采纳，新的评测方式不断被完善。可以说，大学英语教学改革正在全国如火如荼地展开，这既是广大英语教师呕心沥血奋斗来的结果，也是高等教育主管部门大力支持的结晶。但是，一种新的理念、教学模式的完善需要一个过程。本部分将主要从政策的制定、实施的效率和课程教学等方面探讨我国大学英语教学改革中出现的问题。

（一）政策制定适时与不足并存

2002 年开始的最新一轮的大学英语教学改革，颁布了一系列改革政策。一方面，这些政策的制定与实施，既是顺应社会需求的体现，也是本身逐步完善的过程，体现了顺应时代要求的方面。另一方面，由于本次大学英语教学改革比以往任何一次的教学改革幅度都大、涉及面都广、任务都艰巨，因此也存在一些不足之处，尚待进一步论证、解决。

新一轮大学英语教学改革顺应时代需求，适时之处，主要体现在教学大纲的制定、示范项目的实施、多媒体教学的推广等方面。具体而言，2002 年以来的教学改革，一改过去注重阅读“培养学生综合应用能力，特别是听、说能力，使他们在今后工作和社会交往中能用英语有效地进行口头和书面的信息交流”。将培养学生的听、说能力列于首位，是因为在中国加入 WTO、世界一体化进程加快、国际交往日益频繁的今天，无论是学生还是社会用人单位，都迫切希望提高大学毕业生的英语听、说能力。由此看出，这种政策的转变适应了时代发展的需求。

与教学目标转变密切相关的一个变化是，大学英语教学不再设全国统一的教学要求，这是新颁布的教学大纲（《大学英语课程教学要求》）的另一适时之处。中国地域广阔，教育水平参差不齐，大学生在进入大学时英语水平、文化素质、奋斗目标、专业需要都可能存在天壤之别，同时各地大学专业设置和师资水平的差异，各行业与用人单位对英语人才需求的差异，全国统一的教学思路不仅是不科学的，也是不经济的。考虑到地区之间、高校之间、专业之间、学生之间的种种差异，制定统一的教学要求是不科学的。新颁布的《大学英语课程教学要求》不再设统一的教学要求，而是让各个学校根据自己学校的实际情况，选择完成《大学英语课程教学要求》中的“较低要求”“一般要求”和“较高要求”，这样便赋予学校和广大教师根据自己学生的实际情况择情完成教学目标的权利，体现了政策制定人性化、个体化的一面。这种分层次的教学要求，也是教学大纲顺应时代发展的体现。

政策制定另一个适时的表现是对学生自主学习能力培养的重视。原有教学大纲往往片面强调学生对语言知识的学习，从而忽视了对其学习方法、学习策略等高级技能的培养，其结果是学生不能有效地自己学习。2002 年新颁布的《大学英语课程教学要求》明确提出，“大学英语教学是以英语语言知识与应用技能、学习策略和跨文化交际为主要内容”的，这样教学的中心就由传统的语言知识转化成培养学生的人文素养和自主学习能力上来。这样的政策内容符合终身教育的教育理念，顺应了时代与社会发展的大趋势。

为了最大限度地推行大学英语教学改革，教育部还于 2002 年开始在全国设立了 180 所改革试点院校，着力推行新的大学英语教育政策、方针、理念等。经过几年的试点和严格评估，教育部 2006 年从这 180 所

院校中精心挑选出了 31 所改革理念先进、改革幅度大的高校作为改革示范单位。通过自身的示范作用，向全国其他高校传递改革的方向。大学英语教学改革试点及示范院校的设立，不仅起到了深化教学改革的作用，而且符合专业发展的规律，使部分师资水平较低、改革能力有限的高校明确了努力方向，也有了学习的榜样，是教学改革发展的产物，是顺应改革要求的体现。

新教学大纲另外一个不足在于没有明确大学英语教师的培训工作。目前大部分院校中大学英语教师存在着学历水平低、科研能力薄弱、工作量巨大等问题；此外，大学英语教师的学科结构不尽合理，教育学、心理学、学习策略、计算机及网络等知识匮乏。为了能顺利实施和深化大学英语教学改革，就需要各级教育部门开展相关的培训。而据作者了解，目前尚无教育部门专门组织的大学英语教师培训，而由于种种原因，各大出版社组织的教师培训又难以起到应有的作用。其结果是，由于教师本身水平、能力的限制，教育部规定的各项政策很难得到彻底的贯彻。这也是现行教学大纲的一大不足之处。

（二）实施效率存在误区

具体而言，现行大学英语教学有忽视培养学生读、写能力的倾向。新一轮教学改革为广大英语教师提供了多媒体、网络等教学形式，教学大纲也着重发展学生的听、说能力，因此，部分大学英语教师在英语教学过程中有弱化学生读、写能力培养的倾向。大学英语的教学对象是非英语专业学生，无论是在校学习还是毕业后在工作岗位上，大部分人接触英语的主要方式是阅读。为了适应信息社会的发展需要，同时为交际打下扎实的基础，应增加英语语言知识的输入，逐步加大学生的阅读量，拓展阅读的广度和深度。因此，强调培养学生的听、说能力，并不意味着弱化读、写能力的培养。此外，新一轮大学英语教学改革的另一误区与语法能力的培养有关。

由于受交际教学法的影响，部分大学英语教师认为“语言教学的目的在于交际，学生只要能够达意，语言教学的任务也就完成了，对语言的准确性没有较高的要求”。而事实证明，语言的准确性和流利性是同等重要的，在培养学生交际能力的同时，应该采取交际—语法教学法。现行大学英语教学改革也存在过度依赖多媒体、网络等先进技术的趋势。毋庸置疑，多媒体、网络等现代教育技术为大学英语教学提供了样式新颖、材料多样、内容全面的教学手段，并已经在大学外语教学中取得了明显的效果，对大学英语教学改革和人才培养做出了积极的贡献。但仍需要发挥课堂教学在外语学习中的作用，切忌多媒体教学新模式一哄而上。

（三）教学过程呈机械化倾向

1. 英语教学过程不重视主动学习

传统教育观视教学过程为教师单向传授知识的过程。如今，教学过程是教与学统一的过程已经众所周知。这是因为人们逐渐认识到教学具有教师向学生传递教学内容，并使学生掌握的本质特征。但是，这个过程并不是传统所理解的将知识直接灌输给学生，学生直接拿来就可以。学生必须积极主动地学习，独立思考、独立研究，真正地学会独立学习。当然，这并不意味着教师在教学中处于被动应答的地位。教学过程既不仅是教授的过程，也不仅是学习的过程，而是教师与学生交互作用的统一的过程。教与学的关系是相互缠绕、彼此依赖、相互构成的关系。

但在实践中，经常可以发现两种状况。

第一种状况是教师在课堂上常常将英语知识以词、句、篇的方式简单地直接呈现给学生。部分有兴趣的学生能够记忆式地接受教师给予的知识，进行记忆式学习，积累一定的语言点，教与学的过程在浅层次上进行，缺乏深层次的思索与对话；而无兴趣的学生并未受到教学活动的激发而真正发生学习行为。这种状况的课堂教学活动只是局部性教学活动。

第二种状况是教师很注重学生口语能力的提升。35～40 分钟的课堂教学中，教师从上课一开始便设定一个个问题，让学生口头交流回答，自己基本不做指导。表面上看这样的课堂活跃了，学生敢于开口了，深究下去便会发现学生们的英语交流只是原有英语口语能力的简单输出，只是其前学习状态的呈现，教师并未在学生语言输出的基础上，给予一定量的语言输入去提升和丰富学生的英语能力。那么，这样的学习并不是真正意义上的英语学习，只不过是英语口语技能的熟练化而已。这两种情况的共同特征是学生并未或不可能成为主动学习者。

2. 英语教学活动中教育意义的欠缺

英语教学的中心目标是丰富学生的英语语言知识和形成英语技能，使学生具备参与英语活动所需要的知识、技能和能力。但是，英语教学过程不只有此一项任务，它同时也是教育过程，在英语教学传授了该学科知识与技能的同时，也应该使学生增长该学科特有的见识，对世界、对社会的基本判断力，并对人生形成基本价值观和态度。这些是学科教学中共有的教育性目标，英语教学也不例外。英语教学中教育性目标的达成并不是附着于英语知识与技能的教学或引申出来的，而是在教学活动开展的过程中孕育、渗透和养成的。也就是说，学生在教学中采用什么方式进行学习将会深深地影响他们的态度与性格。如果学生只是被动地接受教师所给予的东西，或是机械地模仿并死背教师灌输的东西，往往会养成盲从及屈从的态度与性格。与此相反，唤起学生积极的探究精神，引导他们逐步依靠自己的力量来解决学习课题、发现知识，就会养成学生独立的、创造性的、友善的、实现目标的态度与性格，形成锲而不舍的顽强意志与人格。

当前英语教学中认知性目标与教育性目标的分离状态很普遍，其中一种情况是无视教育性目标，唯以英语知识和技能为目标，让学生在模仿中学习，在重复性操练中熟练化，认为只要学生掌握了相关英语知识与技能，考试成绩好便可以。令教师很苦恼的事情是，在课堂教学中如果对学生进行教育，教学进度就会落后，自己的教学目标就无法完成。这类教师大多认为，教学中的教育就是利用课堂教学时间讲一些思想品德教育或结合形势的道理。

无论是删除还是添加教育性目标的做法，都不是真正意义上的教学中的教育。它所传授的学科内容及内在于其中的教育价值的开发融于学习活动本身，才会产生教育的效果，这才是教学中的教育。

3. 语言知识掌握过程中弱化理解与思维

在英语教学中，英语知识的掌握是发展听、说、读、写的英语技能和形成文化意识的基本前提，因而受到教师们的充分重视。但是，在什么意义上把握知识的概念，许多教师并不清楚。所谓英语知识不仅包含相关的事实与现象，还包含英语的特质、相互间的关系和语言规则。因此，在教授英语知识时就不能将之仅作为信息来掌握，还要使学生能够在语言关系和规则的意义上把握，并将其转化为自身的理解与能力，能够在生活中灵活使用。如此就要求英语知识的教学与学生认识过程达成统一。当然，由于对学习英语的学生而言，英语知识具有间接性和人为性，学生在掌握的过程中就不可能像学习自然科学知识那样要经过科学探究的过程，而是要求学生能够在英语材料的归纳与发现中，通过比较、分析、抽象和综合形成对英语知识的深层次把握。在英语教学中，学习知识过程与学生认识过程是统一的，这要求学生能够主动地学习，尤其是思维的真正激活。

目前，提倡学生在英语学习中提高主动性已成共识，课堂教学也有了诸多变革，比如在英语课上注意结合生活情境，并给予一些开放性的问题让学生回答，或是给学生提供开展小组活动的时间与空间。这些都反映了教师在教学中努力把书本知识与生活世界相联系，尽可能地让学生主动参与到学习活动中来的改革意识，这无疑是一种变化。但是，这些努力只是激发学生主动参与知识形成过程的第一步，而对于如何在激

活学生思维的过程中让学生体验发现的喜悦，让学生相互间在思维与经验的碰撞中形成新经验与新认识，往往关注不够。

（四）研究视角存在局限性

英语教学如何结合学生英语学习的特点与潜能设定教学目标？如何结合学生英语学习的困难进行有效的转化？如何认识与把握不同年级段学生学习任务与能力间的相关性，以便更有效地使英语教学真正成为学生主动、健康成长的育人资源？凡此种种，不逐一列举。

我国英语教学改革的思路基本还是在英语语言文化的框架内进行思考，对各年级英语教学的起点、问题、转换机制等缺乏实践性的认识，对各年级学生英语学习的特点、问题及其实现机制缺乏过程性认识，对各类型的英语教学目标、任务、过程逻辑与方法等也缺乏本土化的认识。

就整体与部分的关系而言，需要教学贴近生命成长的状态进行思考与实践，既要从生命成长过程整体审视某一年龄段学生的成长使命，也要从生命成长中整体审视某一学科教学对其特殊的价值与意义，更要从生命与教育实践真实的动态关系整体把握教学的起点与最近发展区。

第三节　大学英语教学改革的时代价值与基本观念

一、三维关系中定位英语教学的当代使命

（一）我国当前社会背景下英语教学的时代使命

1. 全球化

由于科技发展，人际空间距离逐渐缩小，密度加大；经济活动逐渐

突破国界而走向“地球村”。21 世纪的社会是一个交流不断加大的社会，不同国家与民族之间不仅有竞争的关系，也存在相互依赖的关系。有些学者称这种社会为融合型的国际社会。而融合人的黏合剂则是外语教学，这种国际大交往的时代格局，便成为我国当代外语教学目的确立的基本时代背景。外语教学在 21 世纪的使命之一便是促进各国间的友好合作，既是为了弘扬我国优秀的传统文化，让中国文化走向世界，也是为了通过外语学习，更好地汲取外来文化，丰富自身。

2. 自主化

出生在 20 世纪 70 年代以前的人，对比这 50 多年来中国社会生活的变化，都会承认我们正处在由原先那种一旦做出最初选择一切便都有安排的社会，向着一个我们不得不为自己命运承担责任的社会转变，这种转变至今仍在继续：一元价值观向多元价值观演变，个人与单位间的身份关系越来越走向松散。进一步的变化所产生的结果是社会给人生存的空间度和自由度在日益加大，终于可以自己来编写人生大剧的脚本，而不用再去扮演别人为我们安排的角色；我们都面临着这样一种机会，甚或是挑战——自我塑造甚至重塑自我。我们的人生并非已完全由生物遗传或神灵在命中注定，我们可以使自己的人生成为一部杰作，只要我们愿意。所有这一切都说明，一个呼唤人的自主性的时代到来了。

3. 多元化

当今社会是一个多元文化并存与相互冲突的社会，传统文化与现代文化、中国文化与异域文化、主流文化与非主流文化竞相对学生的发展产生影响。学生如何面对不同的生存样式，同时又不迷失自己便成了一个两难问题，能否处理好这种关系，则与他的多元文化素养有直接关系。为此，一个国家的教育应当致力于培养学生掌握不同的语言和了解他国的文化，以促使其养成在当代和未来多元文化社会成功交际与生存的能力。在学校课程中，能够承载这一教育使命的除了其他人文社科类学科

外，外语教学显然也是不可缺少的学科。学生应当在学习外语的过程中掌握异域文化和形成语言交际的能力，这也是当代外语教学的主要宗旨之一。

由雅克•德洛尔任主席的国际21世纪教育委员会向联合国教科文组织提交的报告《教育——财富蕴藏其中》中，在回顾人类联合生活的冲突状况后指出，21世纪的教育在解决人类冲突方面的使命就是“教学生懂得人类的多样性，同时还要教他们认识地球上的所有人之间具有相似性，又是相互依存的。因此，从幼儿开始，学校就应抓住各种机会来进行这一双重教育。某些学科特别适合进行这种教育：从基础教育开始教授人文地理，晚些时候教授外语和外国文学”。

现在，我国处在时代发展和社会转型背景下，多元文化问题不再只是理论命题，更是一个现实问题。如何培养未来新人在适应多元生存环境的同时又不至于迷失自我，不但是政府、学术界关注和思考的问题，更成为学校教育的基本使命之一。当前状况下，我国大学英语教学承担起培养学生的多元文化生存素养的时代使命。提高学生适应多元文化为背景的社会交际能力是时代的要求，英语课程是为此而提供的一种重要学习资源。英语课程改革必须关注并培养学生适应现代社会所要求的英语能力，为学生提供丰富的语言交际的机会，帮助他们掌握恰当的交际方式，促进思维发展，为他们进一步认识世界、适应社会打下良好的基础。

（二）语言与文化视角中英语教学的文化使命

一直以来，外语教学的关注重心一般是学生对外语的语言形式的学习，基本不顾及语言内容的价值，从而将语言形式与语言文化内容割裂开来。尤其在语法大纲主导的年代，许多教师严格按照语法大纲所组织的教材进行教学，很少注意开发外语教学内容对于学生的养成性价值。比如听说法强调听与说，倡导刺激—反应、对话记忆、语法训练和口语技能等方面的学习。学生说外语其实只是重复教师的语言、背诵对话片段或进行各类机械训练。学习者也很少处在意义化的、情境性的语言输入环境中学习，没有将记忆性材料转化为自然语境中交际的机会。20世纪60年代，外语教学界倡导认知法，开始关注促进较有意义的语言运用与创造，但这种方法关注较多的是语法机械训练，学生仍然很少有时间在真实的语境中运用外语。

20世纪70年代，外语教学界掀起了交际语言教学法，开始关注学生的学习需要和交际的性质。

这一外语教学法很快风靡世界很多国家，逐步改变外语教学观，人们意识到外语不仅是语言学科，还是一门关于文化的学科，通过这门学科的教学应有效地扩大学生的文化知识与视野，重新将语言内容的学习放置到外语教学中。

（三）青年成长中英语教学的育人使命

英语教学变革最终要落实到对人的发展价值。目前，人们越来越深刻地认识到语言对人精神发展的价值。其中，语言与思维的关系更是一直被关注的重心。

著名语言学家洪堡特指出："每一种语言都包含着一种独特的世界观……每一种语言都在它所隶属的民族周围设下一道藩篱，一个人只有跨越另一种语言的藩篱进入其内部，才有可能摆脱母语藩篱的约束。"因此，学习一门外语不仅为掌握一种工具，学习一项技能，更是接触和了解一种思维方式与思维习惯。具体地说，英语语言重逻辑形式思维、重个体思维的偏向，是一种典型的形态型、形足型语言，明显不同于汉语这种语义型、音足型语言。这就使得英语学习中的形合手段远远多于汉语，并使其语法呈现出显著的显性和刚性特征。显性首先表现在词类的标志上，相当多的单词从词形上就能够判断其词义，如：有-ment、-ity、-ation、-er、-or、-nes 后缀的一般是名词，有-l、-al、-ve 后缀的一般是

形容词，有 en、-i、-ze 后缀的一般是动词，有 +y 后缀的一般是副词等。显性还表现在名词有数和格的变化，代词有性、数、格、人称的变化等。英语语法的刚性表现在“该有的一个也不能少”，也就是说，形态上要求的，一般必须遵守；形式上要求有的东西，通常也不能少，特别是虚词的使用。这些思维方式上的不同，一方面说明英语学习能够丰富学生的思维方式，另一方面说明如果英语教学能够注意引导学生通过掌握英语规则进行学习，那么，也有助于学生思维水平的提升和英语学习效率的提高。

英语课程在培养学生素质方面的任务也日益受到我国的重视。比如 21 世纪我国《英语课程标准》指出：“英语教学应该与其他学科教育共同努力，促进学生素质的全面发展，提高学生的人文素养，增强实践能力和创新能力。”当前大学英语教学所致力于回答的核心问题之一，就是将育人价值落实到不同年级、具体英语教学内容，以及不同教学任务之中。

二、当代英语教学的育人价值观

（一）语言知识的教学价值

在以往语法大纲为主导的思路下，语言知识通常被理解为包括语音、词汇、语法等内容，但随着英语功能型大纲的推行，语言知识通常被理解为包括语音、词汇、语法功能和话题等方面，尤其是功能和话题的加入，使得英语知识的社会性语言功能和意义功能得到重视，但过于突出话题和功能的意义，则有意识地淡化或弱化了语音规则、词汇规则和语法规则的学习对于中国学生学习英语的价值。

当代大学英语教学一方面认同语言知识的内涵应包括功能与话题，但认为对于中国学生学习英语这门外语而言，引导学生注重发现英语语音、词汇和语法规则特点，对于学生高效、规范地学习英语的价值同样不可忽视。我们认同胡春洞教授的基本观点："从语言学层次上看，有语言和言语两方面。前者包括语音、语法、语义、语用、句型和词汇，后者包括听、说、读、写和话语及功能。前者是社会普遍性的，后者具有个人特殊性；前者是构成语言能力的要素，后者则是语言的表现；前者规律性强，后者变异性强。在英语学习中，言语要重视，语言也要兼顾，不要把两者对立起来。现在有一种偏激主张，认为只要学习功能项目和句型就行，用不着学习语法，其实英语语法本身就是功能和句型的进一步概括，是规律的总和。所谓交际功能只不过是基本语法功能的演化，而不是另起炉灶。现在流行的所谓交际能力，同样也是语言能力的发展，而不是平地起楼台。学英语应该学习语法，只是不要死抠语法，不要在语法概念和语法分析上纠缠不休。学习语法，主要是掌握词、句、文或话语的结构特点和规律，各种结构的关系和转换，以及一定的结构所具有的意义和功能，或一定的意义和功能所对应的结构。这样学习语法，就是用活动的方法学习活的语法。语言的其他方面，如语音和词汇的学习也应该采用活动的方法学习活动的语音与词汇，不死抠孤立的单音，不死记孤立的单词。这样的学习，就是以语言学习为手段，而以言语学习为目的。"

（二）语言技能性教学的育人价值

听、说、读、写对于中国学生言语技能的培养具有同等重要的价值，不应该忽视读与写对于中国学生掌握英语的重要作用。因为中国学生接触汉字往往比英语早，而中国的汉字是音足型，学生掌握汉字往往习惯于先从字形上进行视觉理解与记忆；如果教学只强调通过听、说进行音形理解与记忆，那么，非但不能发挥学生原有的学习原型优势，而且也不符合中国儿童的记忆策略，学习效果会大大降低。有时教师会发现，有的孩子能够讲得出较为流利的口头英语，但几乎无法进行同等水平的

书面阅读，其原因之一便与教师忽视读、写技能的培养有关。

（三）学习能力的养成价值

在英语教学改革中，在培养学生英语知识和技能的同时，还强调培养学生的英语学习能力，知识是能力的基础，能力是知识的运用与进一步发展的基础，两者既在学生成长中有不同的价值，又相辅相成。

在能力培养方面，许多人受交际法的影响，认为主要是培养学生外语交际能力，以为这种认识仍停留在将语言作为交际工具的认识层面，而从学生作为一个终身的、整体的、主动发展的人的角度看，学生的思维能力、自主学习能力，以及合作学习的能力更具有根本性。

（四）学生文化视野的丰富

从一定的意义上讲，语言是形式，文化是内容，两者不可分离。学习英语不能脱离英语文化，了解英语文化是使用英语准确而得体的基础。文化包括风俗、习惯、地理、历史、信仰、生产、生活等许多方面。学习英语，不但要比较英汉两种语言，还要比较两种语言所扎根的文化。丰富学生的文化视野，让学生了解英语国家的社会文化知识，就为培养跨文化的交际能力打下了基础。

在英语学习中，一方面要注意文化求异，另一方面也要注意文化认同和语言认同。汉语说“丢脸”，英语说“lose face”，汉语说“开车”，英语说“drive a car”，思维方法一致，表达方式也一致。凡两种语言表达的概念是人类生活共有的，语言上求同的可能性就存在，甚至在汉语中的“坏蛋”，在英语里都有对应词“bad egg”，汉语里的语言学名词“虚字（词）”在英语里对应的说法是“empty word”。这是因为无论在英国人的生活中，还是在中国人的生活中，这些事物的存在状态和作用范围都相同，所以在两个民族头脑里形成的概念相同，在两种语言里对应词语的意义和用法也相同。

在英语教学改革的过程中，当结合具体的学习内容认真分析与体悟时，越来越深切地体会到英语因其特殊的语言文化形式向学生打开了一个异域社会文化的窗口：一方面是了解所学语言地域的各类节日餐饮文化、社交礼仪、异国风情、文化传统、风俗习惯等民族社会文化知识；另一方面是培养学生在运用英语进行交际过程中，如何根据实际需要恰如其分地运用已学的社会文化准则进行交际的技能，理解、说明与建立我国文化与英语语言文化之间的平等观念，以及发现异域文化新信息和使用新信息的能力。所有这些都是英语学科教学的独特育人价值。

因此，大学英语教学改革不再把英语国家的社会文化知识仅作为背景，而是明确将学习英语国家的社会文化知识的育人价值彰显出来。为此，往往采用两种方式。

一是渗透方式，将英语国家的社会文化知识融合于教学之中。

二是以主题文化课的方式，通过中外文化比较的方式，在扩大学生的文化知识面的同时，培养学生平等的文化意识。

（五）学生良好英语学习品质的培养

在我国，英语作为一门外语，不像学习汉语时有一个语言环境可让学生浸染其中不知不觉地习得语言，除了课堂教学的有限时间外，英语学习尚需要学生能充分根据自己在课堂中的理解水平和形成的能力，在课外展开自主学习，而这就需要学生具有一定的意志力和坚持不懈的学习毅力。

此外，大学英语教学改革提倡从学生发展状态出发，激活学生思维和兴趣，从学生生活出发，贴近学生，使学生在学习的过程中不但能有兴趣、有话可说、有内容可表达，形成积极的学习动力，也能够积极地进行创造性学习。

这些有关学习的意志、毅力、兴趣、自信心、勇于实践和创造性学习的品质，似乎很抽象，在学生的英语学习中却是至关重要的因素。如果按照从小学到大学这个时段计算，与中文学习和数学学习相比，英语

学习在当前学生的学习课程中所占的时间最长，至少需要 16 年的学习时间，如果这门学科的学习在中小学时期没有养成良好的习惯，就会对以后若干年英语学习的成效产生障碍。

总体上而言，大学英语教学改革的育人价值最终指向的是学生整体素养的主动、健康成长，是在超越量的意义之外，更强调质的意义，学生能够通过英语学习成为一个能够掌握自己命运、自主发展、学会合作的全方位发展的人。

第二章　大学英语教学的发展历程与趋势

大学英语课程结构由基础阶段和提高阶段组成，这两个阶段密切相关，基础阶段学时逐渐减少，提高阶段学时逐渐增多，课程类型由单一走向多元。这种变化并非偶然，课程结构的演变主要受到了两种因素的影响，第一种是经济的急速发展带来了相应的社会需要，这是影响课程结构改变的决定性因素；第二种是教育系统内的因素，主要包括教育体制改革、学科门类的发展等，这些因素都影响着课程结构的变化。

第一节　大学英语教学的发展历程

1985 年，国家教委颁布的《大学英语教学大纲》把公共英语改名为大学英语并提出了统一的规定，大学英语进入了一个快速发展的时期。因为我国地域辽阔，各地教学水平发展不一，相比来说，东、南部地区发展要高于中、西部地区。虽然各地的英语教学水平发展不一，但都是在《大学英语教学大纲》的指导下进行的。这是由我国的教育集中的体制决定的，教育部颁发《大学英语教学大纲》（后改名为《课程要求》）对大学英语教学改革起到了重要作用。

对历年来大学英语课程结构的发展进行了分析，并以历次教学大纲

的时间点为界，采用这种方式是因为新的教学大纲的出台是新时期对上一时期的大学英语发展状态的总结与完善，并提出下一阶段的发展目标和建议，虽然在全国范围内仍有局限性，但也能较为普遍地表明全国的大学英语发展状况。

一、第一阶段：1985—1998 年

在 20 世纪七八十年代，因为我国改革开放的进行，社会经济迅速发展，对外交流增多，随着改革开放的深入，社会上对于英语人才的需求越来越多，所需的水平也越来越高，其中英语应用能力成为评价大学生英语能力水平的重要标准，这也使得大学英语在教学目标、教学方法、课程结构等方面进行了改革。

在 1985 年和 1986 年，国家教委颁布了《大学英语教学大纲》（理工类、文科类两种）这两份教学大纲是教委总结历年来大学英语教学的经验和教训，结合并吸取了国外的英语教学的经验，根据我国国情而制定。此大纲规定：大学英语分为两个阶段，即基础阶段和提高阶段，基础阶段的学时不少于 240～280 学时；在提高阶段，学校可以根据需要开设选修课，见表 2-1 所示。

表 2-1　1985 年大纲中的大学英语课程结构

课程名称	开学时间	课程类型	学时	课内外学时对比
大学英语（第一至四级）	基础阶段（第一至四级）	必修	不少于 240～280	1∶2
大学英语五级（通过第四级者）	提高阶段（第五学期后）	选修		
大学英语六级（通过第五级者）	同上			
英语高级阅读（通过第六级者）	同上			
英汉翻译技巧（至少通过第四级者）	同上			
英语听力（通过第六级者）	同上			
英语会话（通过第六级者）	同上			
英语写作（通过第六级者）	同上			
第二外国语（通过第六级且成绩优异者）	同上			
专业阅读	第五至第七学期	必修	100～120	

华中科技大学英语系成立于 1980 年。在 1985 年之后的一段时期，该校的大学英语课程结构见表 2-2 所示。

表 2-2　华中科技大学英语课程结构

学习阶段	课程名称	课程类型	开学时间	学时/学分	课内外学时比
基础阶段	大学英语	必修课	第一至第四学期	240～270/15	2∶3
	英语课外辅导	必修课	第二至第四学期	每周一学时，但不计入总学时	
高级阶段	科技英语	限定选修课	第五学期	2 学分	
	专业英语	限定选修课	第六学期	不占课内总学时，必须考试（或考核）并计算学分（至少不低于 3 学分）	

通过这两个表格可以看出，现行的大学英语教学内容基本都符合教学大纲的规定，层次分明、条理清晰。

大学英语教学在教学的时候存在着一些问题，以大纲为标准的情况下，学校将基础知识作为主要的学习任务，而其他的拓展学习，如语言交际能力应用、英语写作能力、英语口语能力等都在基础教学之后，由于我国教学现状的限制，许多高校的设备、资金、师资力量不充分，很难支撑起这样的教学层级。

在教学的组织与管理方面，各高校负责公共英语课教学的是英语系师资力量最为薄弱的公共英语教研室，或基础部一个不引人注目的教研室（组）——英语教研室（组）。大学英语实际上在教学中并不受重视。

自从四级考试被安排在基础阶段之后，大学英语教学基本上都是围绕着四级考试来进行的，所谓的选修课其实已经名存实亡，使学生再次陷入应试教育的牢笼中。

大学三、四年级的英语教学课程混乱，专业英语和通用英语被安排

在一起，让人不知所措。这两种英语有着截然相反的教学目的，被安排在一起无疑加大了两种英语的教学难度，也增加了学生的学习压力。

在实际的教学中，大学英语是由各高等院校的英语系负责的。英语系的教师有很好的英语专业知识，但缺乏其他专业的知识背景，无法胜任专业英语的教学任务。专业英语的设置形同虚设。如在华中科技大学英语系《关于制订 1997 级本科指导性教学计划的原则意见和具体规定》中，规定各院系可根据自己实际情况自行决定是否开设专业英语。

另外，在课程结构中还出现了第二外国语一课。这门课是为学有余力的学生设计的，已经不属于大学英语的学习范围。而随着对外交流的不断增多，社会对于具备更高英语水平的大学生需求更多。

二、第二阶段：1999—2002 年

在这一阶段，我国的对外经济迅速发展，越来越多的外国企业开始进入中国，这些企业对于学生的英语水平要求更高。根据市场形势，理工类学生必须提高自身的英语水平，具备良好的语言交际能力。因而 1990 年出台的《大学英语教学大纲》将原本的“理工类教学大纲”和“文科类教学大纲”合二为一。具体内容见表 2-3。

仍是以华中科技大学英语课程结构为例（见表 2-4）。该校在《关于制定 1999 级本科专业培养计划的若干意见》中规定：“英语教学分为基础和提高两个阶段，基础教学在前两学年内完成，先通过英语四级的学生可提前进入提高阶段的学习。各院（系）可根据自己的师资情况、教学效果及专业特点开设专业英语和高级英语课程，也可以让学生选修英语系面向全校开设的高级英语课程。在毕业设计（论文）中应有外文资料和撰写外文摘要的要求。”

表 2-3 大学英语课程结构

<table>
<tr><th colspan="2">课程阶段</th><th>课程名称</th><th>类型</th><th>开学时间</th><th>学时</th><th>课内学习时数</th></tr>
<tr><td colspan="2">基础阶段</td><td>大学英语</td><td>必修</td><td>第一至第四学期</td><td>不少于 280 学时</td><td>不低于 1∶2</td></tr>
<tr><td rowspan="12">应用提高阶段</td><td rowspan="8">高级英语</td><td>英美文化</td><td rowspan="2">选修</td><td rowspan="2">第五学期以后</td><td rowspan="2"></td><td rowspan="2"></td></tr>
<tr><td>英美文学欣赏</td></tr>
<tr><td>英语口译</td><td rowspan="6"></td><td rowspan="6"></td><td rowspan="6"></td><td rowspan="6"></td></tr>
<tr><td>翻译技巧</td></tr>
<tr><td>报刊选读</td></tr>
<tr><td>高级阅读</td></tr>
<tr><td>高级写作</td></tr>
<tr><td>英美文化</td></tr>
<tr><td rowspan="4">专业英语</td><td>专业英语</td><td>必修</td><td>第五至第七学期</td><td>教学时应不少于 100 学时，每周 2 学时</td><td>不低于 1∶2</td></tr>
<tr><td>英文摘要写作</td><td rowspan="3">选修</td><td rowspan="3">第八学期</td><td rowspan="3"></td><td rowspan="3"></td></tr>
<tr><td>专业英语资料翻译</td></tr>
<tr><td>专业英语文献阅读</td></tr>
</table>

表 2-4 华中科技大学英语课程结构

名称	学时	学分	名称	学时	学分
高级英语听说	32	2	科技阅读	32	2
实用英语写作	32	2	科技翻译	32	2
英汉互译	32	2	专业英语	32	2

在表 2-3 和表 2-4 中可以看出，这一时期，各高校的大学英语课程结构与大纲的规定基本相同。和以往一样，课程结构仍然分两个阶段——基础阶段和应用提高阶段。

这种课程结构在当时是符合我国的实际教学情况的，也对大学英语教学产生了积极的效应。但是随着时代的进步，也逐渐暴露出很多缺陷。

一是基础学时在整体中占的比重过大，这一阶段英语的必修课内容繁杂，占了四个学期的学习时间，只有完成了这些内容，学生才能进入下一阶段的应用提高阶段。这些做法实际上是浪费了教学双方的时间，

一些基础较好的学生早已掌握了这部分内容，导致厌学、逃学等情况的出现。学生从高中时起就开始学习这些知识，打好基础固然重要，但是打基础的时间过长，长时间的语言积累、枯燥的学习内容使得学生的学习积极性受到打击。

二是部分选修课仍然形同虚设。课程结构中，应用能力课程安排在第五至第七学期，但由于我国绝大部分高校的教学设备、师资力量不足，绝大多数院校在完成基础阶段的课程后，无力为学生提供应用型课程。少数能够开出选修课的，也不过是寥寥几门，选修课仍然是“看上去很美”。尤其是专业英语课程的教学情况更甚。由此导致的后果是各单位专业英语教学未落实，专业英语、选修课形同虚设。

三、第三阶段：2003—

中国加入世界贸易组织对于中国经济的发展起到了重要的作用，中国经济与世界经济紧密地联系起来。因此英语作为国际语言的作用就更加重要了，顺应着社会经济的发展，各行各业对于英语人才的需求不仅是具备良好的英语交际能力，还要求掌握相关的专业知识，“复合型”人才为许多企业所需求。

由于社会的飞速发展，使得教育必须要做出相应的调整，于是，第二次教育大纲颁发仅 4 年，教育部于 2003 年颁布了《大学英语课程教学要求（试行）》（简称《要求》）。同时考虑到我国各地区的教学发展水平不一，这次的《要求》并未给出具体的教学课程规定，而是将大学英语细化为五大部分：综合英语类、语言技能类、语言应用类、语言文化类和专业英语类，形成了一个新的课程体系，力图保证不同层次的学生在英语应用能力方面都能得到提高。

伴随着国家“十三五”规划提出的对外开放战略的实施，中国高校英语教学迎来了重要的发展时期，国家高等英语人才的需求越发增长，要求外语人才具备更高水平、更高素质；同时《大学英语教学指南》的颁布，在大环境下对中国高校英语教学的整体进行了相应的指导，要求各高校结合自身的实际情况，力求做出完善的、科学的教育教学举措。因此，走上大学英语教学改革的道路，探索出一条具备中国特色的教育发展之路，这是大学英语教学中亟待解决的问题。

表 2-5　华中科技大学英语课程结构

学习阶段	课程类型	课程名称	学时/学分
基础阶段	必修	大学英语基础课	
中级阶段	选修	中级听说；英美影视（Ⅰ）；英美文化（Ⅰ）；英美文学选读（Ⅰ）；进阶写作	每门课 2 个学分
高级阶段	选修	高级听说；媒体视听；英美影视（Ⅱ）；英美文化（Ⅱ）；英美文学选读（Ⅱ）；西方企业文化	每门课 2 个学分

第二节　大学英语教学的发展趋势

一、基础阶段逐步减弱

在基础阶段，最明显的变化就是学时缩短，见表 2-6。

表 2-6　基础阶段学时变化

发展阶段	第一阶段 1985—1988 年	第二阶段 1999—2002 年	第三阶段 2003 年—
规定的学时数	不少于 240	不少于 280	未做硬性规定

1999 年以后，我国高校开始大规模扩招，学生入学率大大提高。由于入校新生的基数开始增加，水平参差不齐的情况在这一时期显得格外突出，此时，加强基础阶段的英语学习是必然要求。

虽然有反复，但是缩短基础阶段的学时是课程结构发展的必然趋势。2003 年至今，全国各地方高校也开始压缩基础阶段的学时。如复旦大学实行三个甚至两个学期的大学英语基础学时。学生在进入学校后需要进行分段考试，教师根据学生的分段考试成绩建议他们从哪一个段位学起，但以学生自己的意愿为准。在学期结束后不自然分段，每学期都可以进行选修。

学时的缩短并非偶然。在一些高等院校中，英语教学所占的比例超出了适应的范围，而且有些内容的必要性及合理性值得商榷。众所周知，在进入大学时，绝大部分大学生已经学习了至少六年（以初中为起点）的英语，一直在打基础。进入大学，还要再花四个学期的时间来打基础，这对于许多学生，尤其是基础较好、水平较高的学生来说是难以忍受的。打好语言基础也应该有个度，如果一直打基础，得不到具体运用的机会，学生的学习积极性会下降，必然出现厌学逃课的情况。

基础学时的过长严重阻碍了新制度的实行，在各大学引进教学体制改革后，推进学分制就成了时代的必然。全面推行学分制主要有两个内容：第一是缩减总学分；第二是推行选修制。依据教学大纲，学生需要在四个学期内完成基础阶段的学习，约占全部学分的十分之一。要压缩总学分就必须对大学英语教学进行相应的修改。选修制的推行使得学生的学习拥有了更多的自主性，改变了以往大学选修课类别单一的局面，使得学生可以集中精力学习自己需要的课程，增加了学习效率，提升了学生的英语使用能力。

基础学时时长的必要性规定忽视了个体间的差异。为了推行学分制，必须对这种情况进行改革，压缩基础学时时长有助于给予学生充足的时间进行自主学习。例如，2003 年，华中科技大学在 2000 年开始的大学英语教学改革的基础上制订了《华中科技大学关于试行大学英语教学基本要求的实施办法》，并从 2003 级本科生开始全面实施新的教学模式。学校通过英语分析考试将 2003 级非英语专业新生分为基础一般、基础较好和基础优秀三个不同层次，对层次一的学生，学校要求他们修满 14 个学分的基础英语，以达到《大学英语课程教学要求》的一般要求；对于层次二和层次三的学生，学校免去其 3.5 或 7 个学分的基础英语，并为其在第四学期或三、四两个学期安排中级英语或高级英语课程。复旦大学亦是如此，复旦大学把学分压缩到 8～12 分，学生只要通过学校的《英语水平考试》，就可以将未用完的学分用于选修各种英语应用型课程，在韩国绝大多数大学只有一个学年的大学英语必修课，学分为 3～6 分。香港大学一般都没有英语基础课程的必修学分，只有一个英语过关考试。再者，部分双语课的实行也有助于基础英语的缩短。

因为基础学时的减少，很多专家指出，大学英语基础阶段在未来将渐渐消失，大学英语将从覆盖全专业的学科转变为选修课甚至专业英语，受各院系管辖。虽然由于课程改革的进行，基础阶段学时的时长正在不断缩短，但是基础阶段仍然是大学英语课程结构的重要组成部分，在未来相当长的一段时间里还将继续存在。

二、提高阶段的选修课程日益加强

和基础阶段的日渐削弱相比，提高阶段的课程发展显得欣欣向荣。见表 2-7。

表 2-7　基础阶段和提高阶段的学时，课程类型变化

课程结构发展阶段	学时		课程类型	
	基础阶段	提高阶段	基础阶段	提高阶段
第一阶段 1985—1988 年	第一至第四学期不少于 240	第五至第七学期	类型单一	语言技能和语言知识类课程，如“英语高级阅读”“英语听力”等；专业英语类
第二阶段 1999—2002 年	280 左右，后逐渐减少	同上	同上	同上，但每一类型的课程种类又有丰富
第三阶段 2003 年至今	逐渐减少至两到三学期	提前至第二或第三学期，一直到第八学期	同上	综合英语类、语言技能类、语言应用类、语言文化类和专业英语类；有的学校开设出了多达 19 门的选修课

提高阶段的发展使得大学英语课程结构富于个性化。目前大学英语课程结构中，有以下几类突出的个性化的课程结构。

1. 课程结构中文化课程突出

北京大学的英语课程结构分为两个模块，见表 2-8。

表 2-8　北京大学大学英语课程结构

基础课	选修课（每周 2 学时，每学期 2 学分）	
必修课	专题课	通选课
大学英语一级 （每周 4 学时，每学期 2 学分） 大学英语二级 （每周 2 学时，每学期 2 学分） 大学英语三级 （每周 2 学时，每学期 2 学分）	高级英语阅读与写作 应用性与创造性英语写作 高级英语听力技巧 美国英语拼音 实用英语词汇学 英汉对译理论与技巧 社科英语文献选读 大学英语口语 英汉对比研究	西方学术精华概况 英语名著与电影 中西方文化比较 英语词汇与英美文化 大众文化简介与批评 高级英语阅读 英译汉 美国研究入门 传记文学：经典人物研究 文化人类学

第一个模块是基础课程模块，第二个模块是选修课程模块。相较于其他高校，北京大学将选修课细化成了通选课和专题课两部分，这两门课的开设有着极其重要的作用，专题课主要培养了学生的语言应用能力；通选课的目的是给予学生一个良好的“情境”，让学生了解英语的语言背景和其内在的文化底蕴，例如，其开设了传记文学、文化人类、西方学术精华概述等在内的十门课程，有利于加深学生对于英语语言的理解，要想了解一门语言就需要了解它的文化。通过这种方式将语言和文化连接起来，这在以往的大学教育中是不曾出现的。北京大学如此重视文化课程与它悠久的历史文化传统分不开，通过这种方式，北京大学的学生可以更加广泛地涉猎西方文化以及人文思想，进而提高了北京大学学生的整体素质。

2. 课程结构中突出专业特点

中国传媒大学的大学英语课程分为“大学英语基础阶段课程”和“英

语文化与媒介英语选修课程”，分别对应大学“英语基础阶段”和“媒介英语阶段”。“英语文化与媒介英语选修课程”为选修课，分为“英语文化”和“媒介英语”两大类课程，见表 2-9。

表 2-9　中国传媒大学英语课程结构

英语文化	英国文学名著赏析、美国文学名著赏析、跨文化交流、英语国家社会与文化、英语演讲与辩论、翻译、英语报刊阅读、旅游英语商贸英语
媒介英语	新闻传播论著选读、媒介英语阅读、英语新闻采写与编译、英语新闻视听广告英语、影视艺术论著选读英语影视节目赏析、信息通信论著选读
学分	每门课均为 2 学分

中国传媒大学“特立独行”，于教学大纲之外，结合自身的教学实际划分出了本校的课程结构，充分突出了教学与专业相结合，突出了学校的特点，中国传媒大学的课程种类丰富多样，是大学英语课程改革以来相对成功的一例，与之相似的还有中国政法大学，在该校正常的英语课程之外还设立了针对外国法律研究的课程。

三、影响大学英语发展的因素

（一）教育系统外部的因素

中国教育系统一直以来受到社会政治、经济、文化、舆论等的影响，作为教育系统的重要组成部分，大学英语课程及其结构同样受到密切的关注。通过对大学英语课程结构发展历程的了解，发现大学英语教学受到社会经济发展的影响最为剧烈，这是由语言的工具属性决定的。在改革开放初期，对外交流崭露头角，国外的知识、技术等大量进入国内，相对应的就需要大量拥有英语阅读能力的人才来获取所需要的信息。这一现象反映到教学课程中就是阅读能力的学习优先级要远高于听力、翻译、交际用语等其他课程。

而在计划经济体制转化为市场经济的时候，仅会阅读已经不能满足

社会的需求，伴随着对外交往的频繁，口语交际能力开始成为重要的需求，这一情况反映在教学课程中就是听力、口语的课程的课时增加。在2001年，中国加入世界贸易组织，对外开放达到了新层次，大量外国企业入驻中国，因而社会需求进一步提高，拥有更加专业的语言技能，同时掌握相关专业知识的人才成为社会的宠儿。同时由于地域差异，不同地区、行业、工种等对于学生外语能力、知识的掌握要求不尽相同。因此在大学英语教育中也需要针对这种情况进行改变，具体表现为，整体课程结构优化，选修课的种类和数量明显增多，学生的选择余地增加。

但这一外部因素并不能直接影响课程结构的改变，改变是需要教育体制内部来进行的，它的主要作用为调节外部信息，对教育系统施加影响。教育体制具有较强的统一性、集中性时，社会需求并不能及时反映在课程结构上面，这是由教育体制集中制的滞后性所决定的；同时，在教育体制放权的时候，社会需求会及时地反映在课程结构上。随着教育系统对于各高校的放权，各校可以从自身的实际情况出发，制定符合自身策略的课程结构，进而满足社会需求。

（二）教育系统内部的若干因素

1. 教育体制

我国的教育教学是中央集权的体制，各地的大学英语教学必须统一在教育部的指导下进行，最能突出表现这一点的就是教学大纲的颁布。大学英语分为几个阶段、各个阶段开设的课程、各课程的学时等都是由国家安排的。这种统一的大纲在大学英语的最初发展阶段对教学工作尤其是中西部地区的高校教学工作的开展起到了很好的指导作用，因为地域、历史、经济等的差异，需要教学大纲来指导教学进程，提高自身的教学水平。但是这种强制的统一性在大学英语逐步趋向学生自主学习的时候所带来的负面作用由此显现出来。

《大学英语课程教学要求》（最新版）针对这一弊端提出“鉴于全国

高等学校的教学资源、学生入学水平，以及所面临的社会需求等不尽相同，各高等学校应参照《课程要求》，根据本校的实际情况，制定科学的、系统的、个性化的大学英语教学大纲，指导本校的大学英语教学。”这一文件的发布，不但继续发挥了教育部对于整体教学的掌控性，同时又为各高校提供了足够的自主权，有利于大学英语的良性化发展。

随着大学英语教学体制的改革，大学英语的课程结构也发生了变化。以往的大学英语教学都是由各高校的外语学院或是英语系来负责整个学校的公共课程，因为英语教学部门一直都不是一个独立的系部级单位，所以师资紧缺成为一个重要的问题，导致高校英语公共课程只能根据现有的师资力量“因人设课”，无法与社会需求相匹配，更不能重视学生的个人发展。大学英语教学地位提高以后，许多院校开始将英语从以往的依附状态下独立出来，成立一个专门的英语系，扩展师资力量，解决了师资力量短缺、公共课程不合理的问题，有利于提高大学英语的教学水平。

2. 学科本身的发展和要求

对事物本质的认知也影响着事物的发展，在 1976—1986 年间，我国英语教学处于初级阶段。这一时期的学科发展是较为落后的，教学观念简单粗鄙，教学条件简陋，教师水平不足。教学内容以英语语言能力为主，主要是听力、口语、语法等，大学四年的课程基本都是语言训练。

自 20 世纪 80 年代起，随着改革开放的进行，英语课程迎来了一个大发展时期。外国企业大量进驻中国，带来了相当的外国文化，文化的冲击与交流使得社会对于高水平英语技能的人才提出了需求。这些变化要求学校必须改变以往的教学内容以适应社会的发展。与此同时，对于英语教学的研究表明，要想掌握一门语言，单是学习其基础知识和技能是不够的，语言的文化背景和应用环境是影响学生学习的重要方面。为此，一些有能力进行尝试的高校进行了教育变革，改变了课程结构，设

立“语言技能＋语言文化＋专业知识”的“三步走”教学模式。大学英语教学开始注重培养学生的多元化发展，培养学生的文化底蕴。

在20世纪末，国外的语言研究学者们开始将研究的重点从教学方式转变为受教育者，也就是将语言研究向教育学研究靠拢，把研究的核心问题放在了受教育者也就是学生身上，开始将学生作为学习的主体，给予学生更多的关注，研究者们开始认为，学生的主观能动性、积极性等是学习好与坏的决定性因素，这些研究的结果使得传统教育教学观念受到冲击，传统教学模式必然改变。迄今为止，课程在总体结构上趋向于学生，学生在学习中占有了更多的自主权。

第三节　大学英语课程现状分析及存在问题

一、大学英语课程结构存在的问题

（一）专业英语课程的设置未落到实处

专业英语是大学英语课程结构中存在最早的课程类型。这一点在1985年的教学大纲中已有体现。英语课程的工具性决定了它必须与另外一门学科或者是专业结合，才能更好地发挥作用。因此专业英语在课程结构中一直占据着重要的位置。历次大纲都对专业英语的学时、课程类型做了规定。与此不相称的是时至今日，专业英语在实际的英语教学中还是形同虚设。

不仅如此，从20世纪90年代开始，在大学英语教学中，就一直存在着“打好英语基础结合专业”和“结合专业打好语言基础”两种不同学术观点的争论。有些学者主张，大学英语主要的目标是教会学生掌握

语言形式，培养学生实际使用语言的能力——交际能力。而更多的学者则主张，把大学英语的任务下放到中学，学生一进校就学习与专业相关的英语。也就是说，大学公共英语由各专业英语取代。

主张大学英语“普通英语”取向的人认为，只要学生掌握了语言的“共通”部分有利于在其他方面的学习，而“专业英语”则完全可以在学生完全掌握英语基础后再进行学习，效率更高。有些学者提出，在专业英语的学习过程中，学生感到迷茫或困难的往往不是专业内容，而是在一些评论性文字、技术性讨论之中读不懂作者的意思，因而应该让学生熟练掌握基础知识后才能更好地掌握专业知识。因此仅掌握与本专业有关的英语，而对国外的政治、经济、文化、社会、历史缺乏了解的话，英语也是学不好的。

在上述讨论中，先进行基础学习，再进行专业化训练的观点是被二者认同的，主要的分歧点在于对专业英语的看法上。专业英语也就是有着专门用途的英语，主要包括两个方面：一方面是针对特定专业开设的，如医学英语、数学英语等；另一方面是指应用范围较广且带有通用性的课程，如计算机英语、文学英语等。在上述论述中所提到的专业英语第一种指的是一部分英语，这实际上是自我限制了专业英语的范围，是对教学大纲中“专业英语类”的误解，容易造成实际教学中的混乱。因而专业英语（此处指第一种错误理解的英语）虽然是教学大纲明文规定的课程，但是由于教师缺乏相关的行业经验和背景，是不可能很好地完成教学任务的。也就是说这部分课程并不会是必修课，在各院（系）中都是由各院（系）的教师来担任，可以看出这类专业英语实际上是处于被冷落、不受重视的状态。

（二）缺少对中国文化类课程的重视

大学英语的教学目标决定着教学课程结构，而课程结构也反映了教学目标的情况。我国大学英语是以培养学生综合应用能力，特别是听说

能力，使他们在今后工作和社会交往中能用英语有效地进行口头和书面的信息交流，同时增强其自主学习能力、提高综合文化素养，以适应我国经济发展和国际交流的需要。

语言的发展与文化是相辅相成的，语言是人类创造的一套有声、有意义的符号系统。它是人类在交际中使用最广泛和最重要的工具。文化的含义较为广泛，一般来说，认为文化是人类社会在发展过程中的物质财富和精神财富的集合，而语言是文化的一部分，同时也是文化的载体和表现方式。语言不能脱离文化而存在。随着社会的发展，人与人之间交往的扩大，人们对语言和文化关系的认识更加深入。世界上有许多国家许多民族，都有着属于自己的语言和文化范围，当不同文化范围内的人相互交流沟通的时候，就是不同文化间的碰撞、交际。当人们以语言文字为媒体进行交际时，实际上交际的是文化。由此可以看出文化对于交际的影响十分重要，因此在大学英语教学内容和课程结构中，语言文化类的课程应该逐渐增加比重。这里所说的文化，不仅指对方国家的文化，而是指交际双方的文化，尤其是在国际交流日益频繁的今天，不仅要吸收和学习英语国家的文化，还要在交流中把本国的优秀文化传播出去。

我国的大学英语课程在这一方面是比较薄弱的。尽管课程结构中有语言文化类课程，但在实际中开设较为普遍的是英语国家文化的课程，例如，英美概况、英美文化等，在英语教学过程中有关于母语教学也就是中国传统文化的教授少之又少。于此相对应的是包括牛津、剑桥等诸多国外知名大学都已经开设了教授中国文化的中国文化课，受到了学生们的热烈欢迎，而在中国，我国的大学英语教学中关于中国文化的课程却基本没有。英语课程结构中没有介绍中国文化的一席之地。张为民对清华大学非英语专业的一、二、三、四年级的 126 名学生进行了走访调查，结果表明，大多数人不能用英语来表达中国文化，对于中国文化中的很多名词不知所谓，中国文化在大学英语教学中遭到忽视，这对于英语教学来说是不利的。在搜集的资料中，只有北京大学和中南大学开设了关于中西方文化对比的课程。

中国传统文化在大学英语中受到忽视，存在着复杂的原因。一方面我们的传统文化在全球化风暴的旋风下受到冲击；另一方面，我国的英语教学总是尽可能地向着英语的语境、文化靠拢，对于汉语及汉语文化在英语教学中起到的作用没有正确的认识，错误地将母语影响当作英语学习的障碍，过分地强调母语的负迁移性。但在事实上，语言是存在共同性的，语言的共同性使得母语成为外语学习必不可少的条件，这也是母语文化在英语学习中的正迁移作用。在学习英语时，其文化背景所传递的信息必须要与母语文化相交融，教授或传递语言信息的时候学习者必须以母语文化为大的背景，通过两种文化的比对，从而发现两种文化的差异与共性。对于英语学习者来说，一般的日常交流已经不是阻碍他们交际能力的障碍，真正阻碍他们深入了解、提高英语水平的是文化层次的差异。因而在大学英语教学中增加有关中国文化的内容，对提高学生的英语水平有着重要帮助，可以帮助他们在交流中更好地理解英语的意义，并传播中国传统文化。

二、大学英语课程教学的现状及存在的问题

学生英语学习兴趣普遍不高、过级率低、严重依赖传统学习方式、英语学习费时低效，学生综合英语水平较低，不能与学生的全面发展相适应。

（一）大学英语课程教学中学生的基本状况及存在的问题

从学生对英语学习兴趣、动机、学习中最大的障碍、语言观等几个方面对大学生进行调查。总体来说，当前大学生对英语学习兴趣不高，学习方法依旧沿用了高中的学习方法，迫于四、六级考试和工作需要等外在因素学习英语，没有养成正确的英语语言观和良好的学习策略。在课

堂上听课延续了以往的传统模式，与教师的互动较少，具体表现为以下四个方面。

1. 学生英语学习兴趣普遍不高

兴趣是指人力求认识某种事物或进行某种活动的心理倾向。学习兴趣大体上可以分为直接学习兴趣与间接学习兴趣两种。前者是由学习过程本身——所学材料或学习活动直接引起的。后者是由学习活动的结果引起的。间接学习兴趣具有明显的自觉性。当一个人意识到学习的社会意义或与自己的关系时，学习兴趣就随之产生。

直接学习兴趣与间接学习兴趣常常是融合在一起的，既有直接学习兴趣的成分，又有间接学习兴趣的成分。学生在课堂上很少与教师互动，主动回答问题的更是寥寥无几，甚至有的学生对英语这门课程产生了深度厌恶的心理，对于学习英语产生抵触心理，许多教师对此毫无对策，学生的学习积极性难以调动起来。

2. 外在动机在很大程度上决定了大学英语学习

在英语学习中，真正出于个人兴趣学习的学生很少，学生们普遍对英语兴趣不高，多是为了应对考试和毕业后的工作需要，由此可见，当今学生学习英语的动力是来自社会和学校的压力，学生多数不是出于内心的喜好学习，这种学习状态令人担忧。加之学生不会花费课余时间进行英语学习，使得学生学习英语的时间越发缩短，进而导致学生英语水平不高。

3. 学生的英语基础普遍不好

对大量学生高考英语成绩的统计调查发现，成绩在 90～100 分之间的学生约占 50%，低于 90 分的占 34%，这很明显地说明了学生的英语水平普遍偏低，这样的调查结果也为选择教学内容和教材提供了很多参考意见，《大学体验英语》是国内使用率较高的高等教材，在选用教材的同时要考虑不同地区的地域差异。

4. 对英语学科特性认识不足

在很多的学生眼中，英语这门语言不具备科学性。事实上英语语言学早就已经通过科学化进展确立了其科学性的地位，而学生们之所以有这种认知，正是因为传统教学方式的弊端，使得学生只知道用死记硬背的方式学习语法、单词等，导致学生对于语言的科学性一无所知。

（二）大学英语课程教学中教师的基本状况及存在的问题

从教师的专业素养、教学的基本状况和教师对学生的反应关注程度等几个方面进行调查得知：教师素质有待提高，教师教学语言与策略有待优化，见表 2-10。

表 2-10　大学英语课程教学教师的基本状况

课堂上教师对学生的反应关注情况	经常 30%	有时 33%	几乎不 37%	—
教师教学中的主要问题	学科知识不足 10%	缺乏教学策略 35%	师生之间的沟通存在问题 38%	缺少责任心 17%
教师给你留下最深刻的印象是	精深的专业知识 37%	敬业精神 29%	沟通技巧 31%	其他 3%
课堂上讲与练的比例	大部分教师讲 33%	讲练各一半 52%	大部分学生练 13%	只讲不练 2%
教学语言	全部用英语 3%	大部分用英语 70%	大部分汉语 17%	全部汉语 10%
教师是否胜任教学工作	能胜任 30%	基本胜任 61%	勉强胜任 7%	不胜任 2%
是否需要提高教师专业素质	很需要 23%	需要 67%	不需要 8%	无所谓 2%
教师讲解是否细致、特色化	是 20%	否 35%	不清楚 45%	—
教师是否灵活地使用教学方法	是 45%	否 36%	不清楚 19%	—

1. 教师素质有待提高

在教师胜任教学岗位情况方面，学生认为有 30%教师能够胜任教学

岗位，基本胜任占 61%，勉强胜任占 7%，不能胜任仅占 2%。学生普遍认为教师需要提高专业素质，通过调查发现有 67%的学生认为教师需要提高专业素质。以上这些说明学生对于任课教师的教学水平有着很高的要求，但不排除有一些师生关系的影响，在大多数教师都能胜任教学岗位的同时，也需要对教师加强心理学等方面的知识，促进教师的教学水平不断提高。

2. 教学语言与策略有待优化

师生沟通不足和缺乏明确的教学策略是目前大学英语教学中存在的最突出的问题，教师在教学过程中存在的主要问题就是缺乏与学生的沟通，缺乏责任心这一项占到 17%；在教授知识方面学生基本处于满意状态。由此可见，在专业教学素养方面，大部分教师都是可以胜任教学工作的，但是在教学策略的运用方面有些欠缺，这两项是教师专业水平的显现。同时只有学生从心底就信赖教师，接受教师的讲解，才能提高自己的英语水平。课堂上讲与练的比例，大部分教师讲占 33%，讲练各一半占 52%，基本符合教学规律，讲练结合。教师的讲解特色化有待加强。在教师讲解方面，35%的学生认为教师讲解不够细致，36%的学生认为教师没有特色讲解，说明教师应该依据学生实际学习水平更加细致的讲解，在讲解过程中注重形成特色化讲解，培养学生的英语学习兴趣。建立良好的师生关系是有效开展教学的首要任务。通过调查发现，在“教师给你留下最深刻的印象”这一调查项中，教学与师生沟通技巧占 31%，精深的专业知识占 37%，敬业精神占 29%。说明在学生心目中，和谐的师生关系是至关重要的，其次是精深的专业知识和敬业精神。教师要想受到学生欢迎，最首要的是建立良好的师生关系。

3. 教师的教学观念落后

自从英语语言学的科学化确立以来，英语的科学性不断发展，但是许多学习英语的国家依旧承袭着传统的陋习，把语言当作工具，把语言学习变成机械化的练习，因此产生了“死记硬背”等观念，阻碍了英语语言学的发展。目前国内的高校依然把这些陈旧的观念当作教条，学校在这些观念的指引下，为了学生的考试及格率而进行教授，忽视了给学生传递正确的语言观，出现了许多“高分低能”的学生。大学英语一直注重基础知识的练习，忽略了实际应用，学生学习了多年的英语仍然是“哑巴英语”，与外国人交流更是无从开口。在大学英语教学中，应该将语言的实际应用和基础知识训练放在同一层次，让学生实现全面发展。

（三）大学英语课程教学中学校管理的基本状况及存在的问题

学校管理是大学英语课程教学有效实施的外部保障条件，主要包括教材教学条件、教材使用情况、考试制度、外部环境等层面，见表 2-11。

表 2-11　教学条件及教材使用情况

学校经常更换英语教师对你是否有影响	有 55%	有一点影响 15%	无 8%	无所谓 22%
多媒体使用条件	经常 10%	有时 8%	很少 37%	没有 45%
目前使用的教材是否符合你的要求	十分适用 4%	基本适用 76%	不适用 20%	—
学校在教学方面存在最大的问题	师资配备不充分或不合理 30%	设施不完善，满足不了教学 47%	教材选用不合适 10%	对英语教学不重视 13%
大学英语考试制度是否合理	合理 20%	基本合理 30%	不合理 35%	不清楚 15%
现在使用的教材与四、六级考试是否相关	相关 12%	基本相关 35%	关联不多 49%	完全不相关 4%

由表 2-11 得到以下结论。

1. 学校经常更换大学英语教师对教学活动展开有较大影响

有 55%的学生对学校经常更换英语教师感到不满，经常更换教师，在适应性上，学生需要花费更多的时间来适应新教师的教学方式。更换教师让学生在心理上产生了抗拒心理。这使得学生对本就不感兴趣的英

语课更加厌恶，进而导致学习水平下降。

2. 现代教育技术的应用值得关注

在多媒体教学方面，有 45%的学生反映在教学过程中没有使用多媒体仪器等现代教学手段。这种情况产生的主要原因是学校的资金匮乏，多媒体器材少，这些情况严重影响了大学英语教学活动的展开。学校应该积极改善教学条件，补充不完善的教学设备。同时有 47%的学生认为设施不完善，满足不了教学，30%的学生认为师资配备不充分或不合理，这些都是学校在教学方面存在的重大问题。

3. 教材与教学的适应性有待考察

在教辅材料方面，认为教材十分适用或基本适用的学生占到 80%，但认为现行教材与四、六级考试关联甚微的学生占到 49%，基本说明现行教材的难易度基本处于合理范围，与四、六级考试的贴近程度尚有距离。

三、大学英语课程实施中存在的问题

大学英语模块化课程在我国已经实施多年，各方面都平稳发展，特别是在新版教学大纲颁布以后，大学生的学习状态、英语水平都有了很大的提高。与此相对应的是随着大学的扩招，在校大学生数量不断增加，给学校带来了很大的压力，学校配备的硬件、软件设施开始缺乏，这些问题在一定程度上影响了大学英语教学质量的提高。总体来看，目前我国大学英语教学还存在许多不足之处。

（一）教学观念陈旧

受到传统应试教育的影响，陈旧的教学观一直统治着从初中到大学的英语教学，学生学的是考试内容，教师教的是应对考试的技巧，相关单位在意的是学生的名次、通过率、等级证书等，高分低能、重分轻用、

“哑巴英语”已经成为中国英语教学的代名词。

（二）强调英语语言基础知识的学习，忽略语言实际能力的培养

由于传统教学理论的影响，语言知识的学习一直是大学英语教学的中心，过分重视语言知识的传授，忽视了学生语言应用能力的培养，使得许多学生学了十几年的英语依然是“哑巴英语”，看英文电影都极为困难更不要说与人交谈了，而当今社会需求的英语人才却是全方位的。语言学家海姆斯认为：只有获得交际能力的人，才具备着掌握和使用该种语言的能力；掌握语法和词汇并不代表掌握一门语言。在英语教学中，应该尽量为学生创造使用英语的机会，引导学生在生活中自觉地运用英语知识。因此在大学英语课程实践中，教师要根据实际情况来进行知识的传授，同时又注重英语技能的培养，引导并组织学生把所学的知识和技能结合起来，进而全方位提升学生的语言运用能力。从这里也可以看出，当前的大学英语课程有着诸多不合理之处，重视基础知识，忽略交际能力，这样是不能培养出高水平的学生的。

（三）学校管理模式不科学，教学环境有待加强

受到传统思维观念的束缚，人们在对待英语这一问题上形成了“学了也用不上”的思想，在一定程度上影响了英语教学的进展。由于对英语教学的认识不够深刻，教学管理上出现了许多不合理性、失效性、不科学性等，导致管理上出现漏洞，学习水平和质量无法提高。英语教学所需的硬件、软件装备跟不上学生增长的速度，加之多媒体教学还没有完全进入教学中，使得现代化教学手段和设备短缺。

（四）学生个性差异性增强，导致教学效果优劣不一

随着我国高校扩招的进行，导致生源质量降低，学生英语学习能力的差异更加明显。而教师依旧采取大锅饭的教学方式，未进行针对学生的个性化教学，学生学习效率低下，导致很多学生失去对英语的学习兴

趣，英语水平越来越差。

（五）教学考核测试手段单一，检测方式流于形式

英语四、六级考试是衡量全国大学生英语教学质量的唯一标准，考试的内容、方式、题型等基本照搬国外的考试，不符合中国国情，也不符合中国社会对于英语人才的要求。这种测试方式并不能正确地测试出一个学生的英语语言能力，在很大程度上为大学英语教育带来了负面效应。

同时，各高校在检测学生学习成果时主要采用的就是考试与平时测验相结合的检测方式，但是在实际操作中，因为教学要求的降低，各种考试也是十分随意，甚至毕业考试也流于形式。

（六）教材信息陈旧，缺乏时代感

许多教材中选用的文章都是十几年甚至二十几年前的，内容老旧不堪，文章的时代背景与现实不符，学生难以很好地掌握。

第四节　大学英语课程现状的成因分析

一、传统观念对大学英语教学的影响

改革开放后，许多问题根深蒂固，各项事业积重难返，大学英语教学也在其中。由于以往师资力量的极端匮乏，在大多数学校中，教师只能根据传统的教学模式进行教授。依据语言学习的规律来说，年龄越小，学习语言的效率就越高，但由于当时我国财力、师资力量都不足，所以绝大多数小学都没能开设英语课，到了初中才有英语课，其实已经错过了最佳的学习时间。

二、大学英语四、六级考试对英语课程实施的影响

在大学英语四、六级这座大山面前，教师和学生选择将这两次考试当作教学和学习的目标并为之努力。四、六级考什么就教什么，教学和学习完全由考试的形式和内容决定，应试教育主导着大学英语教学。在这种教学模式下，虽然很多学生通过了四、六级考试，但是仍然停留于“哑巴英语”的阶段。大学英语四、六级考试也对大学英语教育起到了积极作用，使得总体的英语水平有了提高。但是考试只能是一种手段，不能成为测试学生英语真实水平的依据，更不能成为检验学生英语应用能力的标准。

三、缺乏运用英语的语言环境

语言的学习是一个不断实践的过程，如果学了不用，即使学过很多也会在很短的时间内忘记，但是运用英语语言的外部环境正是大多数学生所缺乏的。事实上，语言交际能力可以在生活中锻炼、培养，进而形成一种习惯，可习惯的形成是不能在课堂上取得成功的，需要长期坚持，有意识地培养才可以，但是由于传统思想观念的影响，许多学生认为自己学了英语以后也用不到，所以他们的学习只是单纯地应付考试，以通过四、六级考试为目标。

四、课程结构设置不合理

（1）过分注重知识的传授，忽略了学生的实际需求，扼杀了学生的兴趣和个性化发展。

（2）没有给学生提供良好的语言应用环境，使得学生缺乏语言实践

的机会。

（3）只能传递事先编好的具有现成结论和答案的考试题，很难提供学生考试以外的综合信息。

（4）教学中采取的是灌输式的教学方式，学生只能被动地接受，限制了学生的创新能力和创造能力。

五、忽略了语言能力的培养

教学指导思想过分强调语言基础知识的学习，忽略了语言能力的培养。以往的英语教学大纲重视阅读能力，重视阅读是以往大纲的指导思想，这种思想限制了学生的语言应用能力，浓厚的应试主义色彩忽视了英语综合能力的提高。大纲明确指出：培养学生具有较强的阅读能力和具备一定程度的听力、口语、书写、翻译的能力。过分地注重阅读能力而忽视其他能力的培养，使得“哑巴英语”的现象层出不穷，很明显，这种思想与新时代的综合高素质人才的需求相违背。

六、学生课程负担沉重忙于应付

近些年来，许多大学都开设了一些新课程，比如社科课、文学课等。这些科目是可以进行开卷考试的，但是有一些学校却坚持闭卷考试，无形中增加了学生的负担。使得学生本就不富余的时间进一步减少，从而使学生没有时间来练习英语项目，也导致学生从中学到大学学习了多年的英语却连基本的对话都听不懂。

七、师资严重缺乏，教师专业素质不高

在高校扩张的情况下，在校大学生数量不断增加，出现教师数量严

重不足的情况，根据统计，全国英语教师与学生比可达 1∶130，十分惊人，相当多的本科毕业生或者研究生在未经过培训的情况下直接进入大学讲台进行授课，这也导致了教师专业素养差的问题。而教师在授课压力急剧攀升的情况下，一方面导致了教学质量的下降，面对繁杂的教学任务，教学水平难以提高；另一方面，教师没有更多的精力进行其他科学研究，导致教师的科研能力下降。现在，仍有相当一部分学校英语教师数量严重缺失，教学压力的繁杂使得他们根本没有时间与精力参加进修、培训等活动，使教师的知识结构得不到及时的更新，自身教学素养无法提高，直接影响了教学质量。

第三章　大学英语教学思路、方法实践研究

教师在教学活动中根据教学情境的特点、有效的教学原则和教学行为来实现教学目标，同时，教师在有计划、有组织地实现学生学习的过程，这些都叫作教学策略。教学策略在学生的学习和教师的授课过程中产生着极大的影响，因而，对于教学策略的研究意义重大，对于英语教学方法的研究也应该持续进行。如今，英语教学的方式方法正逐渐向多元、综合的方向发展，系统地探讨大学英语教学过程中常用的教学方法，对于教师灵活地选用教学手段、提高教学效果有很大帮助。

第一节　大学英语教学思路研究

一、制订合理的教学目标

目标明确是教学的根本。明确的教学目标会使教学效果事半功倍。

美国教育学家布鲁姆认为，教学目标具体包括“认知”“情感”“技能”三项领域的内容。美国教育心理学家罗伯特·加涅则认为，教学目标包括认知策略、智力技能言语信息、运动技能和态度等。针对我国目前的英语教学现状，英语教师在教学活动中应针对教学目标考虑以下几

个因素。

（1）语言知识，就是学生应掌握语法、词汇、语音等方面的知识。

（2）语言技能，即学生在听、说、读、写、译等方面的能力提升。

（3）情感态度及价值观，即提升学生的道德水平，使学生能够正确地判断是非、美丑、正误。

（4）社会文化意识，即让学生对不同地域的文化背景有所了解，扩大文化视野，以达到增强文化交际的意识。

（5）学习策略，即学生在记忆、类比、归纳等方面的能力提升。值得注意的是，英语教师在制订教学目标时，应从实际教学情况出发，要灵活，不能过于死板，同时要具有可调节性。

二、坚持以学生为中心的教学原则

教师在分析教材时，应在理解和掌握教学内容的基础上，针对学生不同阶段的学习能力和实际情况，将此作为教学任务和教学目标的依据。同时，教师应合理有效地利用教材，使教材内容转变成问题的衔接和师生之间的交流，根据学生对教材内容的理解，对教材内容和教学活动进行心理化和最优化的加工处理，将学生对教材的经验和体验相结合。

在教学过程中，教师应以学生为中心，适应学生的直觉思维特点，通过灵活多样的教学手段，直观的教学方法、视、听、说等来激发学生的参与，提高学生学习的积极性，还可利用形象化的教学方法如幻灯片、投影、模型、录音、图片等，使学生真正能够理解和感受语言，积极主动地参与课堂学习，强化记忆，同时达到最优的学习效果。

教师在准备与设计教学活动时，应当充分了解学生的情况、知识结构层面、学习动机及学习兴趣的状态，以确保教学活动有目标地、形式多样地、内容全面地进行，在提高学生学习积极性的基础之上，使教学目标顺利地实现。

三、努力提高学生的学习兴趣

常言道：兴趣是最好的老师。为获得更好的教学效果和学习效果，在英语教学活动中，教师应充分调动学生学习英语的积极性，让学生对英语产生兴趣。因为一个人的兴趣能激发其内在的动力，使他们喜欢学习、乐于学习。那么在英语教学中，教师应从以下三个方面进行着手。

（1）教师在教学活动中应该了解学生的特点，发挥学生的主体性。每位教师都很明白，学生才是英语教学活动中的主体。教师在英语教学的过程中应遵循语言学习的规律，采用灵活多样的教学方法，使学生在学习英语的过程中形成语感，提高英语的实际交流能力。根据学生的个性差异特点，培养学生学习英语的兴趣，让学生参与实践和体验，主动尝试和创造，从而获得对语言的认知和语言能力的掌握。

（2）语言的学习基础是通过死记硬背和机械操练来形成的。如果这种传统的英语学习方式过了度，就会适得其反，让学生对英语语言的学习失去兴趣。因而教师在英语的教学活动中，应注意观察学生，对学生进行学习评价，帮助学生获取感兴趣的学习方法。教师应以提高学生的综合素质为前提，鼓励学生参与课堂互动，激发学生的积极性，鼓励学生提高语言交流能力。因此，死记硬背、机械的教学方法和传统的英语测试方式将不再适应英语的教学。

（3）深度挖掘教材。教师在进行教学活动前，应对教材有一个整体上的把握，认真研读教材，挖掘教材，用教材中学生感兴趣的内容来调动学生的积极性，使每节课都在轻松愉悦的课堂氛围中进行。

四、教学做到语用真实

培养学生的能力是英语教学的最终目的，实际上就是指语用能力。

语用能力方面的教学目的就是语用目的，主要表现在如下三个方面。

（1）语句的语用功能目的。

（2）对话语篇的语用功能目的。

（3）短文语篇的语用功能目的。

教师应从语用的角度开始英语教学，对英语课文进行剖析，详细地研读，保证语用教学的教学目标，准确把握文中的语句内涵，选用真实的例句让学生进行练习，让学生真正获得英语运用能力。

教师应把培养学生的语用能力作为设计教学活动的出发点，运用讲解、释例、训练等，将培养学生语用能力与课堂教学活动紧密结合起来，贯穿于整个英语教学过程。

语用真实在教学进行中具有非常重要的作用，不仅能够让学生掌握真实的语用内涵，还能使学生在英语运用方面的能力得到提升。所以，需要定期对教学成果做出评估和检测，以此来反馈学生学习的情况，从而对教学活动和教学目标做出调整和改进，进一步检查学生在英语学习方面存在的不足之处。因此，在教学过程中教学检测起着重要的作用。

五、教学的中心问题是以英语进行交际

（1）教师在教学活动中，应运用灵活多样的方式来进行实践练习，例如机械练习、有意义的操练、交际性操练等。机械练习是对课文中的情境以模仿和问答的形式来进行，这属于句型操练。交际性操练就是利用文中的语句来表达自己的思想情感，这种方法属于交际性操练。这三种方法是一种循序渐进地接近语言交际的过程。因此教师在教授新的课程时，也应该遵循着先机械练习，再有意义操练，最后交际性操练的顺序，最终使学生对新知识理解和掌握。

（2）教师不管是在课堂教学过程中还是在课外活动中，都要有意识地为学生创造讲英语、用英语的机会，例如，在讲解词语、语法、组织

教学、考核、布置作业或者学生请教问题时等，都可以用英语，把英语运用到生活中来，养成一个良好的语用习惯。

（3）在英语教学中，语言实践和语言知识之间的关系应当处理好。首先，语言实践在英语课中占主导地位，课上大部分的时间都在进行语言实践的练习。其次，对于语言知识的讲解则处于次要地位，教师应参考语言实践和教学目标的需要来对语言知识的范围、深度、方法进行讲解。

（4）在英语教学活动中，语言操练和语言交际是两种教学形式，因此教师应清楚并处理好这两者的关系。语言操练的重点在于让学生掌握语言的形式，是培养学生语言交际的必经之路。而语言交际是为了使交际双方相互了解，重点在于语言形式。在英语学习过程中，语言操练和语言交际都非常重要，前者是后者的基础，两者没有分界线。

（5）在英语教学活动中，教师应帮助学生树立“英语是交际工具”这一思想，并用这一思想来引导学生学习英语，把交际带到课堂教学过程中来。同时，在上课时，老师要培养学生用英语交际的能力，鼓励学生反复练习，教师也要根据不同的时机来实时地创造交际情境，给学生提供真实的英语交际机会。

六、英语教学坚持输入优先

语言输入在英语教学过程中起着尤为重要的作用，对于英语教学要以输入优先的原则来进行。具体做法如下。

（1）教师在英语课堂上，要充分利用形象直观的教具，例如，图片、文字、声音等媒介，为学生提供形式多样、内容丰富的语言材料，使学生尽可能多地接触英语。

（2）教师应注重学生的理解力，对于理解性强的资料的输入，可以鼓励学生听与读，而不要求他们说和写，因为听和读是掌握语言的基础，所以理解材料才是最重要的。

（3）教师在对语言进行输入的同时，应该对输出进行检验，以输出巩固输入，来促进语言的输入。

（4）教师在组织教学活动中，应鼓励学生模仿，模仿有助于人们对语言的掌握，教师应积极地引导学生来模拟现实生活中的真实场景，并将其表达出。

七、发挥母语的作用

英语对于我国的学生而言属于第二语言，虽然强调让老师在课堂教学过程中尽可能多地使用英语，但是，这并不意味着要放弃母语。为了使学生能够更好地掌握英语，在英语教学活动中，教师要利用母语的优势，排除母语的不利影响。因此在教学过程中，教师应做到以下几点。

（1）在熟练掌握母语的基础上来进行英语语言的学习活动。英语和汉语在语法结构和使用方法上既有相同部分，也有不同部分。然而学生在学习之前对母语里面的时间、空间，以及地点等意识已经在脑海中形成，已经掌握了母语的语言手段。学生学习的障碍往往来自这些不同点上，这个时候就需要老师来充分发挥母语的优势，运用母语来对这些不同点进行解释，帮助学生了解英语的一些学习规则和语法结构特点，同时更加方便学生和老师之间的沟通交流。

（2）对于母语的适应和使用习惯往往会给英语的学习带来障碍，在英语教学过程中，教师适当地使用母语，让学生明确母语和英语在某一特定结构上，或者是某一语法结构上是有差异的。这样有助于让学生明确母语和英语在使用上应该注意哪些问题，避免把母语的使用规则和英语的使用规则混淆，减少母语的干扰，因此，外语的学习是一个复杂的过程。

第二节 大学英语教学策略研究

一、教学策略的含义

20 世纪 60 年代以后，以美国匹兹堡大学的认知心理学家罗伯特·格拉塞为首，最早提出并首次使用了“教学策略”一词。

阿姆斯特朗认为，教学策略是为了使学生达到一定的单元而系统实施的教师活动。

加涅认为，教学策略就是帮助学生以自己的学习努力达到每一个作业的计划。教学策略不仅可以以课时计划的形式出现，还可以以媒介材料的编写说明形式出现。

中国学者鲁子问主张，教学策略是指教师为了达到最佳的教学效果，在一定的教学理念的指导下，对教学任务和教学情境的理解，同时对教学活动起到灵活调节的作用。

虽然各国学者对“教学策略”的定义认识是仁者见仁、智者见智，各有不同，但是，通过对不同概念的深入分析和比较发现，其实这些观点之间还是存在着共同点的。那就是他们都认为，教学策略是为教学任务服务的，有很强的目标性，包括教学活动中方法的选择、材料的组织、对师生行为的规范等。

综上所述，可将教学策略定义为：教师为了教学目的的顺利达成、教学任务的实施、基于对教学情境的认知和理解，以及教学任务的规定，运用一系列的过程来对教学活动进行灵活的调节和实时控制。

（1）教学策略不是简单的教学设计和方法，是教师对教学活动所运用的整体性原则的把握和推进的措施，在教学活动中的体现。

（2）教学策略包括认知的过程、教学活动组织的过程和教学方法的执行的过程。

（3）教学策略不是静态不变的，而是一系列有计划的水平动态组织过程。

（4）教学在制定、选择与运用教学策略时要有统领全局的思维，在保证教学有序进行的前提下从教学活动的整体出发，利用现有的教学资源，考虑学生的学习状况，兼顾教学的目的、任务、内容，采取灵活机动的措施。

二、教学策略的内涵

教学策略的研究日益增长，教学策略被越来越多的英语教育者所关注。英语教学的研究不断加深，研究者对于教学策略内涵的解释也是各有不同，研究者主要有以下五种观点。

1. 教学观念观

有学者认为，教学手段、教学方法和教学模式是实现教学策略的途径，而教学策略只是一种教学观念或原则。比如普拉塔认为，教学策略是提升“有效教学”的原则，他举出了 12 项促进教学策略的方法，如激发学生学习的动机、掌握有效学习的方法、增加完成任务的时间等。

2. 教学方法观

有的学者认为教学策略就是教学方法。《简明国际教育百科全书》认为：“只有达到某种教学目的所运用的手段和方法，才是教学策略。”

皮连生认为，教师所采取的如何安排教学事件先后顺序地进行、媒体传递信息等有效达到教学目标的教学方法才是教学策略。

3. 教学决策观

也有学者将教学策略直接认同为教学决策。其观点如下所述。

周军认为，教学策略是为了能够使教学目标顺利实施，教师根据教学情境的特点对教学过程进行有效决策的活动。

黄甫全认为，教学原则、目标、方法、组织形式等是在教育观念的指导下所进行的一系列综合结构。

陈心武认为，教师在教学活动中运用教学理论来对教学过程中出现的具体问题进行解决的谋略就叫作教学策略，不仅包括解决问题的具体方法，也包括教学过程中的教学理论。

4. 教学行为观

有一些学者直接将教学策略视为教学行为，其观点如下。

施良方、崔允廓认为，教师在教学活动中为了教学目标的实现而采取的一系列解决问题的行为叫作教学策略。

和学新认为，教师在了解和熟悉教学活动的基础上，为了教学目标的实现、教学任务的完成而对教学活动调节和控制的过程。

5. 教学程序观

以马顿为代表的学者的观点是，教学策略是对语言能力的培养起直接作用的教学程序，并能够刺激某种特定的学习策略。马顿认为，教学策略应该是以培养策略能力为目标的教学活动，而其他的像增加语言知识的教学程序，只能是教学活动。

也有学者认为，教学策略是教师为了达到一定的教学目的而采用的一切积极有效的教学原则和教学行为。在特定教学情境中，所做出的教学谋划和措施都是为了完成教学目标和适应学生学习的发展所需要。大多数学者对于教学策略的内涵和内容在不同的教学层面给予了不同的解释，但他们的共同点就是都在强调教学策略以教学目标的实现、完成教学实效、提高教学效率为宗旨。但是，真正要做到这一点，就需要老师能够有效地调配各种教学资源，利用一切现有教学资源，有效地谋划教学过程。

三、教学策略的构成

一般来说，教学策略构成要素包括指导思想、教学目标、实施程序、操作技术，具体分析如下。

1. 指导思想

教师在制定和执行教学策略时，会依据指导思想的理论基础来进行，因此，我们说教学策略的灵魂是指导思想。

在教学过程中，为了保证教学任务的顺利开展和教学目标实现，避免教学中的盲目性。教师应在明确的指导思想指挥下，发挥理论价值的作用，来制定实事求是的教学策略。

2. 教学目标

教学策略的实施都是以教学目标为指向的，无论是活动内容、活动方式都是为教学目标服务的。教学目标的制订是教学策略的核心部分，不过两者又不是相对应的关系。

3. 实施程序

教学策略实施时需要按照此程序逐步展开。教学策略的实施程序并不是一成不变的，是相对稳定的。所以教学活动的开展具有不定性、特殊性。

此外，教学策略的实施程序虽然有固定的先后程序，但并没有定式。概括地说，教学策略的实施程序明确指出，教师在实施教学策略时的具体程序操作顺序会随着环境的改变而逐渐进行调整。

4. 操作技术

这里讲的操作技术是指教师在具体教学程序中，能明确简单易行地操作技巧并且掌握要领，能够采取有效的措施。另外操作技术也是指教师运用教学策略的手段和技巧，具体从四点来加以说明，见表 3-1。

表 3-1　操作技术的内容

操作技术	内容
教师	教师在教学策略中扮演主要角色
教学内容	针对不同的学生采取不同的方法，因材施教
教学手段	利用教具，熟练地运用多媒体进行教学，掌握技巧
适合范围	让学生掌握学科特点，分层次进行教学

由表 3-1 清晰地看到，教学策略和操作技术是相辅相成、相得益彰的。

四、教学策略的分类

教师根据学生采取不同的教学策略，教学策略就其特点可以分为以下两点。

1. 按照教学活动的构成要素分类

教学策略按照教学活动的构成要素可分为四种策略，即任务型策略、内容型策略、方式型策略和方法型策略，见表 3-2。

表 3-2　按照教学活动构成要素划分教学策略

构成要素策略	解释大意	囊括策略
任务型策略	主要是英语课堂上出现的问题	包括讲解性、练习性、 师生互动、解决问题等
内容型策略	针对一节课的教学内容而设定的	包括分支并行式策略、 直线式策略、循环式策略
方式型策略	针对教学中的方式方法来设定的	以教师为主导，以学生为主体
方法型策略	较准确地运用教学方法	发现问题、解决问题

2. 按照教学环节分类

教学策略按照环节可分为教学准备策略、教学实施策略、教学监控评价策略三种，见表 3-3。

表 3-3　按照教学环节划分教学策略

教学的环节策略	解释大意	囊括策略
教学准备策略	教师依据教学目标要求，深入挖掘教材，改变教法，根据师生的实际情况，制定教学计划的策略	制订教学目标、构思教学内容、掌握教学教法、设置教学情境
教学实施策略	主要包括概念教学策略、管理者策略等	如期完成课堂教学完整性
教学监控评价策略	教师为达到设置的目标，对教学全过程实行的计划、反馈、反思和自我调节等策略	保证课堂教学的连续性，从而有利于达到预期的教学目标

从表 3-3 可以看出，教学策略的分类目的是保证课堂教学完整性，在课堂上，教师可以少讲，把复习的时间留给学生。它是指各类教学内容和教学手段，其中以听、说、读、写和翻译等为主，也用于培养学生能力。为帮助学生提高各项能力，教师可以对针对性较强的具体性策略灵活运用。综观教学策略，是为完成某一特定阶段（如单元、学期、学年等）的教学任务。简而言之，这些具体性教学策略，要根据教学资源、评价测试等，相对应选择某一教学策略来完成具体的教学任务。

五、教学策略的特点

在教学过程中，任何活动和因素都是为教学目标服务的。同样教学策略指向其所制订的教学目标。因此，教师对教学目标的制订必须具有一个明确的认识，并能在目标的实现过程中不断地进行改革与创新，对具体教学方法进行灵活掌握。

由于在教学过程中也会遇到一些突发性事件，教师在处理突发事件时，应该适时地改变预订的教学目标，做到随机处理，确保按时完成教学目标。

盲目地制订的教学策略再有创意也没有意义，教学策略也无法在教学活动中实施以实现其实际价值。因而，为确保更好地实现教学目标，教学策略必须具有可操作性。

因为教学策略的灵活性很大，可以根据具体情况进行调控。因而教学策略的灵活性与调控性是相辅相成的。

所谓的教学策略的调控性，既能体现教学活动的不定性，又能体现教师对教学活动的掌控性。教师对教学策略的运用就达到了一定的水平，这主要体现在认识和调节教学进程这个环节上。

六、教学策略产生的途径

所谓教学策略的产生是教师在研究教育理论的基础上得到自己分析的结果。

教育理论是指教师在正式上岗之前应该进行专业的教育培训课。在培训的过程中，教师对教育理论进行分析和判断，这样才能不断地培养掌控教学策略的能力。以学定教不仅立足于学生已有的知识、经验、需求，遵循学生学习知识、发展能力的规律，确定教学目标、内容、策略方法和评价措施，也立足于激励学生能够积极主动地学习、能主动地思考和运用知识的过程，既立足于学生群体，也立足于学生个体。

研究自己的教学方法，完善自身的教学技巧，并再次在教学过程中对自己的想法进行不断摸索和总结，最终形成自己的教学策略。

然而，教师教学策略的形成不能完全凭借自己的主观臆断，需要不断地将其与同类方法进行对比，从而加深对自己教学策略的独特性的认识和了解。

教师在教学中要对教学策略进行不断的总结和反思、修复，使它更好更快地适应新课堂教学的需要。

七、教学策略的研究意义

不断深入地进行英语教学策略研究是十分必要的。随着英语教学改革的不断发展，对英语教学策略的研究有其重要的意义，因而，为形成最佳的教学策略，随着教学实践的不断深入，相关研究者开始对教学和学习的内在机制进行总结，并开始出现将心理学原理应用于教学研究的倾向。教师之所以是培养高素质人才的关键因素，是因为人才的培养主要是通过教师的授课完成的。

教师的品行和学生的成绩是传统教学研究的主要关注重点。教学策略是教学活动的关键因素之一，教学活动质量是影响人才培养的重要因素。由此可见，提高教学质量和提高学生的学习成绩受教学策略的影响。

八、教学策略的制定标准

教学策略的制定需要一定的标准，没有针对性地、毫无标准地制定教学策略是没有意义的。究其原因，是因为制定教学策略的目的是实现所制订的教学目标，只有制定行之有效的教学策略才能保证教学目标如期实现，所以要确保教学策略的可行性，不然即使制定再多的教学策略也是徒劳的。

第三节　大学英语教学策略实践研究

一、组织策略

（一）组织策略的定义

将教学活动中的各个要素进行联系和安排，就是所谓的“组织”，不过组织策略是对课堂实践教学而言的，是教师对新知识和旧知识进行整合和归纳，从而形成新的知识框架。所以课堂实践教学形式，既关系到检验教学质量，也关系到教学氛围的创设。

课堂实际教学中想要得到良好的效果，教师的合理组织至关重要，教师的主体地位不言而喻。因而，为保证教学活动正常进行，教师对组织方式、技巧的掌握，直接关系到课堂问题的处理、教学活动的安排、教学任务的完成。

（二）组织策略的构成

课堂组织主要依靠教师的态度、想法及方式技巧和对教学目的的理解，组织策略包括组织决策和组织行动。

组织决策是教师通过对教学实际的预测、分析和对比确定的最终方案，以及对可能的问题采取的有效措施，从而使教学全过程得以顺利地完成。

组织行动是教师在组织决策的基础上，能够表现出来的一种活动方式，换言之，就是组织决策的具体操作，它来源于教学又服务于教学。教师针对教学实践中遇到的各类问题进行总结、分析、对比，然后重新操作，进而有效地促进教学研究。

（三）组织策略的影响因素

1. 教师的角色选择

（1）活动的组织者。教师的组织能力决定英语实践教学的成功与否。教师需要让自己的学生明白活动的内容和要求，换言之，就是让学生明白应该干什么、怎么干，以及做完之后的反思。只有教学活动组织好，才能让学生做得好，教学才能达到预期的目的。

（2）资料的提供者。教师如果想达到教学目的，要学生得到很大发展，就应总是准备着帮助学生取得更大的进步，同时也让学生养成寻求教师帮助的习惯。

（3）成果的评估者。教师在英语实践中有责任对学生的学习活动进行评估，指出学生错误的同时，也要避免伤害到学生的自尊，注意自己的态度。

（4）课堂的调控者。教师要在实际的英语讲授中适度控制教学过程。

（5）学生的启发者。学生在英语的具体学习过程中会遇到很多复杂的问题，教师应该在学生对一项活动束手无策时，对其施以援手，给予他们鼓励与支持。简单来说，就是帮助他们扩展自己的思考范围，提升想象力，最终得到答案。

2. 指令的给予

在英语课堂中，教师的指令是学生活动的重要依据。教师在英语课堂中要求学生进行某种活动的言语行为就是所谓的课堂指令。在教学中，教学指令的正确性是学生能否出色完成教学任务的前提。教师发出准确、简明、清晰的教学指令，学生就可以快速理解和反应，反之如果给予的指令不恰当、不清楚，就会给教学的组织活动带来不便，严重影响课堂教学的效率。因此，教学指令的正确给予是学生出色完成教学任务的前提。通常情况下，教师教学的课堂指令主要可以分为三类：学生行为引

发指令、课堂纪律控制指令和教学活动实施指令。

（1）学生行为引发指令是为教学活动做准备的指令，是教学活动的“先行官”。

（2）课堂纪律控制指令是保证教学活动顺利进行的教学指令，用于维持课堂的正常秩序。

（3）教学活动实施指令是指导学生开展学习活动的指令。

在实际课堂教学中，教师要经常运用教学指令，但是教师给予学生指令需要遵循以下五个原则。

（1）清晰原则。教师指令要把握交代时间的长短，保证学生可以清楚明白。

（2）演示原则。教师在解释指令的时候可以加以演示。

（3）检查原则。教师可以随时对学生进行抽查，确保学生已经清楚活动的内容、方式等。

（4）完整原则。教师指令的内容应该是完整的，应该告知学生活动的目的、步骤，以及具体的要求等。

（5）时间原则。教师在下指令的时候应该清楚地告知学生任务的起止时间。

3. 组织互动

课堂上师生互动是影响课堂组织的一个重要的因素。当师生之间相互交流、共同探讨问题时，这样的教学组织形式就是课堂教学互动。其意义如下。

（1）师生关系会随相互作用、相互影响发生变化。

（2）互动可以让教师帮助学生建构自己的认知结构。

（3）通过学生和教师的交流、对话的互动，可以使学生逐渐社会化。

在英语教学中，课堂的互动模式一般有班级、小组、同伴，以及个人四种形式，不过不管采用什么样的形式，教师都应该尽可能地让学生多参与。不同课堂模式对教师的要求如下。

（1）课堂活动。在课堂活动中，教师应该把更多的时间留给学生，充分发挥学生的作用，减少说话的时间。

（2）合作活动。为达到学生之间的互帮互助，教师应根据学生的实际情况进行平均分配。

（3）个人活动。为使学生可以自主完成任务，教师需在活动前明确地告知学生活动的要求、目标等，最后进行检查。

（四）组织策略的内容

教师在英语教学中要不断探索新的教学策略。就内容而言，组织策略具体包括英语知识组织策略、课堂教学组织策略、课外活动组织策略，以及教学形式组织策略等。

1. 英语知识组织策略

语言能力和语言运用能力是语言交际能力的主要构成部分。对语言来说，工作中的运用能力就是语言运用能力。那么组织策略就是将语言知识和语言交际能力有机地结合在一起，让学生可以把学到的知识运用到生活实际中。

2. 课堂教学组织策略

课堂教学具有明确的目的性，是学生学习效率最高的地方。组织设计、组织实施、组织素质，以及组织方法是课堂教学组织策略的主要架构。

（1）组织设计。在整个英语教学过程中，为保证教学活动在教师的设计下顺利开展。教师要严密地组织好整个教学的流程，使师生之间配合默契，教学内容衔接流畅。

（2）组织实施。教师将设计好的教学程序运用到教学活动中就是组织实施。

（3）组织素质。成功的英语教学需要教师在英语课堂中发挥和表现

出各方面的素质。

驾驭课堂的素质是教师必备的素质之一。这种素质能够显示教师的真正水平，基本功扎实，在课堂上能够做到收放自如，“放”就是要求学生的积极性被教师调动起来；“收”则要求学生的注意力能够被教师集中起来。

静态和动态的结合才是最完整的教学过程，明确地说就是教师在静态教学的基础上适当地做一些动作、眼神、举动等，这样所产生的效果就大不一样了。

教材是教学的主要载体，因为教师根据教材的内容和学生的学习状况进行教学设计，就必须能够驾驭教材。教师对教材的驾驭可以帮助教师组织教学，提升教学成果。

为了对学生进行指导操作，就教师而言本身需要具备熟练的操作技能。

（4）组织方法。教师需要在课堂教学中运用基本的组织方法。

教师面对课堂教学活动的复杂多变的实例，要准确掌握多种语言表达方式，并熟练地转换其他表达方式。

教师要从情感上强化自身的影响力，以及在感召力等方面严格要求自己，提高自身的形象气质。

为了弥补不能兼顾到每个学生的不足，教师应该合理分配学生及任务。

为使学生能够亲身感受人物的内心活动，加深对课文人物的理解，教师可以根据教材内容，进行情境创设，进行情境模拟。

为促使教师地位的转变，将师生的活动与作用融合为一体，教师可以尝试实行“问答式”教学法，以问答的形式发挥教师和学生共同的主体地位，不仅可以达成教学目的，而且还能调动学生的学习兴趣。

3. 课外活动组织策略

我国学生学习英语，主要的渠道就是课堂教学。在教学中存在着很

多问题，如时间不充足的情况，所以课外的活动也非常必要。那么课外活动就包括看英文电影、读英文期刊、英文电视节目、用英文写电子邮件、与朋友用英文交流等各种丰富多彩的方式。这些组织形式可以培养学生的对外文化交流能力，这样既丰富了学生的课外生活，又帮助了学生理解英语学习的重要性。

教师不仅要在课堂中占据着主体地位，课外活动也同样如此，要记住教师在课外活动组织中也起导向作用。教师可以通过自身对英语掌握的情况，经常给学生推荐一些对他们有帮助的电影、报纸或者节目等，用多种方式引导学生的课外活动，从而调动学生对英语学习的兴趣。不过，教师不要过多地计划学生的课外学习活动，否则会适得其反，这一点要引起教师的注意。

大型的课外活动和小型的课外活动是课外活动组织按照类型来分的两大方面。

（1）大型课外活动。大型课外活动一般是综合性的和创造性的，它主要包括英文歌曲比赛、演讲比赛、英文戏剧表演等。同时，为了让学生最大限度地发挥出自身的主观能动性，这些活动需要定期开展，以便合理地安排活动时间。

（2）小型课外活动。小型课外活动主要包含教学活动中的小游戏、学生课下记录的英语笔记等，多数只是学生自己或者一个小组开展的活动，活动范围比较小。小型的活动可以促进学生对课堂英语知识的记忆与理解，其主要作用就是锻炼课堂中的所学。

4. 教学形式组织策略

教学形式组织策略在当代英语教学中主要分为班级组织、小组组织和自主学习三种。

教师向全体学生讲授英语知识的教学方式就是所谓的班级组织。班级组织是比较传统的，也是最基础的教学模式，教师可运用教材等辅助

材料直接将这些知识准确地传递给学生。

教师在课堂组织的基础上，按照学生不同的学习风格和学习程度将学习任务或者学习活动分成几个学习小组进行教学授课就是所谓的小组组织。

在教师的指导下，学生自己获取知识的教学形式就是自主学习。

此外，在具体的教学中，为了将三种形式发挥得恰到好处，教师应该根据不同的情况采取不同的教学形式。班级组织主要在讲解语音、单词、词汇，以及语法的时候被采用，小组组织则是任务实施时被采用，当需要学生背诵、记忆的时候，学生的自主学习自然就被需要了。可见，要使这些教学方法发挥最大作用，教师的教学形式是一切从学生实际出发，根据学生的需求来制定的。

（五）组织策略的原则

为了保证教学活动的顺利进行，教师需要不断加大力度，在课堂上采取一些新的教学方法。教师在英语教学中应遵循以下四个原则。

1. 交互模式选择适当

课堂交互作为教学活动的主要载体，学生的学习与参与的程度都是由课堂交互模式所决定的。从组织策略影响因素能够了解到，常见的交互主要包含班级活动、小组活动、同伴活动，以及个人活动四种。那么英语学习需要学习和实践两个方面，不是仅仅靠听课来学习，因而学生的动口和动手两种能力的培养需要采取交互模式。同伴活动和小组活动在交互模式的四个方面中，可以使学生能够积极地参与到活动之中。

2. 活动责任到人

在教学中，教师能够针对不同学生的特点来对组织策略做出一些教学调整，要注意把活动责任落实到人。一样的任务，不同的学生完成的速度不一样，一些学生提前完成，会因无事可做而影响到其他的学生，部分学生可能会因为拖延时间而无法完成，失去继续完成的信心。在上述情况下，一方面教师应该布置其他额外的任务给提前完成任务的学生；另一方面，两个小组以上的学生完成了任务，可以让他们进行互相检查。此外，教师还可以将完成任务的小组成员平均分配给未完成任务的小组，让他们互相帮助，加快未完成小组的活动进度。

3. 合理控制活动时间

由于学生的知识水平有差异。所以完成同一项任务所用的时间也不尽相同。所以，教师在布置任务的时候，应该明确具体的时间界限，个别的学生或者小组没能按要求完成任务，教师可以根据实际情况让学生继续或者直接停止任务，还可以不断查找学生的完成情况，以及未完成的原因。

4. 合理摆放座次

影响教学活动的一个重要原因是学生的座次摆放，这在同伴活动和小组活动中尤为重要，可以检查教师的教学情况。与活动的需求相适应的座位摆放才足够合理。不仅如此，为保证教师对课堂的整体控制，座次的摆放还要考虑不同学生的特点。

如上所言，组织策略能够合理运用是教学成功的重要保障。课堂组织策略是否得当，这不仅关系到教师水平的提高，同时也保证教学如期进行，还涉及良好师生关系的构建，能够调动学生积极性。若是组织策略不当，就很难达到教学活动预期的效果，最后会导致教学的失败。

二、管理策略

教学是一个动态活动，离不开教师对活动的管理。教师在教学活动中通过各种手段，来号召学生踊跃参加课堂活动，并使课堂活动达到最佳的状态，从而实现计划教学目标的过程，这个过程就是课堂管理。管理策略的实施能有效保证课堂教学活动的顺利进行。

（一）管理策略的作用

学课堂管理可以有效地完成外在向内在转化的过程，能使学生形成自律心理，进而可以减少矛盾与冲突，消解潜在的矛盾与冲突，并能通过良好的课堂环境促进课堂活动顺利地进行。

师生与生生之间的对话和信息交流互动可以被有效的课堂管理激发出来。而这种互动能促进教师课堂教育教学质量的提高，还能进一步促进课堂活动充分展开，进而促进学生心智的发展。为保证课堂教学不流于形式，要努力实现人与环境、人与人之间的有效交流。

为提高语言的综合应用能力，在课堂活动中，可以让学生参与各种类型的语言交际活动，使课堂管理能够调动学生各种可能的因素，来激发课堂活动中蕴含的活跃气氛，从而促进学生的持久发展。

（二）管理策略的原则

一些学者在管理策略的实施上，能够遵循一定的原则，但他们的观点不一。有两个原则管理策略必须坚持：其一，有助于维持课堂秩序；其二，不伤害学生的人格与自尊。

1. 有助于维持课堂秩序

课堂有好的纪律很重要，维持好课堂秩序是教学管理的根本目的，这既是学生的事情，同时也是教师的责任，具体表现如下。

（1）课前任课教师要了解学生的学习兴趣和爱好。

（2）能够处理良好师生之间的关系。

（3）努力培养学生的自觉意识。

（4）让学生养成良好的课堂习惯。

（5）努力共同建立师生之间的行为标准。

2. 不伤害学生的人格与自尊

在大学英语教学中，教师要本着教书育人的精神对学生进行积极的引导，要尊重学生。不管学生出现什么问题，教师都不能随意伤害学生的人格与自尊。教师应在具体问题上做到以下三点。

（1）要尽量避免体罚学生。

（2）要注重整体的公平性和学生个体的差别。

（3）找出课堂存在的问题的根本原因。

教师在掌握上述原则的基础上，还要结合教学的实际来管理英语教学。教学管理加强知识和技能的培养已经成为世界性的发展趋势，从近些年国内外的研究和教学实践可以得到这个结论。有学者指出：出色的教学管理不仅意味着降低教学中的不良问题，还意味着在出现问题的时候能及时进行有效的管理。所以，为了建立良好的师生关系形成一种相互尊重、相互理解的教学氛围，教学管理策略应该以学生为中心，让学生可以积极主动地投入到学习当中去。

（三）管理策略在大学英语教学中的运用

教师采用纪律管理策略和时间管理策略对教学加以改进，可以维持课堂秩序，提高教学效率。

1. 纪律管理策略

在教学中纪律管理是有效教学的重要保证，所以教学为了维持课堂秩序，教学离不开纪律管理。纪律还是评判学生行为是否适当的标准，所以课堂管理是指那些能够积极鼓励学生参与课堂学习的话语、行为和活动。除此之外，课堂纪律还具有内化道德规范、使学生积极进取的作用和社会功效。

纪律维持和违纪处理构成了课堂纪律管理。教师用眼神就可以提醒学生的不良行为，因为对于听话的学生来说，本身就具有一定的自控能力，对于比较叛逆的学生，只有处理他们的违纪行为才不会波及他人。由此可见，学生问题的矫正也不是一件容易的事情，需要对具体问题进行具体分析，不仅如此，为减少这类问题发生的概率，教师更应该预防，

采取必要的措施。

2. 时间管理策略

为使学生参与到学习活动中、保证教学的高效率，要求教师有效地利用教学时间。可以从以下几个方面着手做好时间管理。

（1）为提高学生的学习兴趣，教师采用各种手段来激发学生的兴趣，让学生能主动地参与到学习中。

（2）为了使学生总是有事可做，不被轻易打断，教师要保持教学活动的流畅性和紧凑性。

（3）要有效安排时间。教师要以课程标准作为基本依据，来安排课程内容、调节课程进度。

（4）鼓励学生进行自我管理。为高效地利用时间，教师应当引导学生对各阶段学习任务的完成时间进行自我计划。不仅如此，在学习任务完成期间，教师应督促学生进行自我监督、自我控制、自我激励、自我反思，任务结束后进行自我反省和调节。

三、提问策略

（一）提问策略的作用

提问作为一种课堂行为方式，一方面能够让教师与学生进行互动，提升学生的学习效率；另一方面还能让教师对学生的知识水平有一个完整的认知。简而言之，其主要作用如下。

（1）调动学生积极性，激发学生的读书兴趣。

（2）让学生主动参与，养成良好的参与意识。

（3）扩大学生的发展空间，拓展思路。

（4）及时解决教师的困惑。

（5）能对教师检查一些细节性问题有所帮助。

（6）能使教师准确地了解学生，掌握学生情况。

（二）提问策略的原则

看起来简单、常见的课堂活动——提问，在操作上想要发挥良好功效需要遵循科学的原则。教师在提问时遵循以下几项原则可以提高提问的质量，具体如下。

1. 主题性原则

一个突出的主题在每一堂课的教学中都有。围绕这一主题来展开提问，并且能紧紧围绕着主题对学生进行提问，使学生能快速掌握所学知识。不围绕主题的提问是没有任何价值的。为使学生的认识逐渐深化、提高，教师在提问过程中，可以采用先设问，再反问，继续追问、深问的方法。

2. 启发性原则

具有一定的启发性是教师教学的一种手段。提问最主要的作用之一是促进学生学习能力的提升。具有启发性的提问能够有效调动学生自身的求知心理，让学生主动进入到教师引导的学习状态中去，便于教师引导学生向正确的方向思考。教师的提问在具有启发性的同时，也要做到灵活多变。在教学过程中不断变换提问的形式与方向。如若学生的回答过于简洁、内容不全面，教师还要适当进行追问，让学生自己解释其回答，这不但能够提升学生的逻辑思维能力，还有助于学生养成深入思考、寻根求源的好习惯。提问的方向要根据教学内容的不同进行调整，教师要充分掌握学生的学习状态，并且对于传授的知识有准确的把握，在易出现错误的环节多多提问，有针对性的提问有助于学生突破难点，帮助学生建立求真、较真的学习心理。总而言之，教学过程中教师必须遵循英语教学的启发性原则，不但能够提高教学效率，还能完美契合以人为本的哲学基础，从而突破原有的教学瓶颈。

3. 兴趣性原则

教师的提问一定要有兴趣性，因为兴趣是学习的内在动力。正因为如此，如果说主题性与启发性是提问教学的根本，那么兴趣性就是提问教学的提升，在教学过程中起到锦上添花的作用。举个例子，一节课刚开始时，教师可以从一些表面上与所教内容无关的问题开始，并由这类问题逐渐引导至实践教学中。一般兴趣性问题没有固定的答案，其意义在于调动学生的积极性，让学生以一种思维高度活跃的状态进入教学中来，所谓“磨刀不误砍柴工”，学生处于思维活跃状态时的学习效率要远远高于平时的学习效率。在课堂教学的过程中，学生很有可能出现思维活跃度下降的情况，这时也要利用兴趣性原则，通过举例或者回顾重新调动学生的学习兴趣。

4. 互动性原则

提问本身就是具有互动性的。提问与回答相互对立且统一，提问要有发问方，也要有回答方。提问教学要打破传统教学中“教师说、学生听”的原有模式，鼓励学生插话、表达自己的意见，在提问环节教师尽量保持亲切的态度，不可过于严肃，以免使学生紧张，不能表达出自己的想法。针对提问中学生的反馈，教师还要适当点评，将提问教学改为“学生说、教师插话”的状态，让学生在互动、轻松的课堂氛围中高效学习。

5. 层次性原则

教师的提问一定要具有层次性。然后按照由浅入深、由易到难的规律来设计问题。教师在提问时要根据学生的不同层次逐步进行，由浅入深地进行提问。例如，为了很好地锻炼学生的思维能力，对成绩一般的学生可以提一些层次或难度较低的、机械记忆的问题；对学习较好且又善于思考的学生，则可以提一些需要用分析、比较、总结等方法对信息进行组织的问题，那些较难的问题需要经过高级思维才能得出答案。

（三）提问策略在大学英语教学中的运用

1. 提问计划

因为即兴提问比较灵活，往往会出现逻辑性的问题，所以教师在备课的时候要做到提前准备，否则很难达到预定的教学目标。具体准备包括以下几个方面。

（1）明确提问目的。提问目的一定要在提问活动开展之前确定清楚。教师在备课时就要明确提问的目的，因为不同的课型、不同的教学目标，提问目的自然也不相同。同理，如果提问目标发生了变化，问题的类型也会随之变化，提问的层次也跟着发生变化，所采用的技巧自然而然地发生改变。

（2）选择提问内容。在课堂教学中，教师提问的侧重会成为学生学习的重要依据，因而教师在选择提问内容时一定要慎之又慎，教师不应选择太过容易或不重要的问题，以免误导学生。

2. 问题设计

教师恰当、有效选择问题的方法和技巧叫作问题设计策略，它能使问题清楚易懂，较为符合学生的特点，更能提升学生的发展空间。

教师在问题设计中要注意以下几点，见表 3-4。

表 3-4　英语教师问题设计策略的实施

调节	教师所提出的问题要与学生的知识水平和思维能力相一致
简化	教师所提问题的语言要简单、明了，要尽量使用学生熟悉的词汇来进行提问
讲究趣味性	教师所设计的问题可以不必太拘泥于教材，对教材内容灵活处理，设计贴近学生实际生活但又与课文相关的问题，以激发学生的兴趣，引发其积极讨论
以学生为中心	所设计的问题要以学生为中心，充分发挥学生的主体作用，引导学生主动发现问题、积极参与思考，培养学生创造性的思维能力
由浅入深	设计的问题可从不同角度出发，由浅入深、循序渐进，引导学生全面地进行思考，努力让学生有机会取得成功

3. 态度设计

在教学中，教师和学生的学习态度很重要。以学定教和以教导学两者之间具有内在逻辑联系。教师不只是知识的载体、来源，也是传道、解惑的，教学不能以教定学，以教师为中心；教学也不能排斥以教导学，仅以学生为中心。教师要相信学生自己能学习和使用知识，所以需要以学定教，但这并不意味着教师的作用是无关紧要的，也不是否定教师的教学能动性，而是强调教师是学生学习和运用知识的指导者和引路人，所以需要以教导学。师生关系不是教与被教、管与被管的关系。师生之间充满着人文精神，互敬互爱、尊重学生的人格，拥护教师。所以师与生的关系、教与学的关系应该是一种平等、相互尊重、和谐发展的互动关系。

一般的教学中，英语教师的教学方法尤为重要，英语教育教学不能止步于以学定教、以教导学。以学定教、以教导学还需通过多学精教才能最终通达不教自学的最高境界。因此，以学定教、以教导学、多学精教、不教自学是一个蕴含内在逻辑联系的统一体，四个方面互动才能达到英语教育教学理想的目标。教书育人是教师职业的重要体现，教师培养学生发展，是教师思想情感、知识水平、教育教学能力与教育教学科研和价值取向的直接体现。教师花费毕生精力设计和操作的教育教学过程，不论是一件细小的事，还是一堂不起眼的汇报课，都是为了有效激励学生的思想情感，激发学生求知欲望，启发学生能独立思考、探究和合作学习，培养学生的自学能力，发展学生的个性，培养学生自学能力、实践能力及创新能力。这些也都是教师自身实践活动的价值体现，它更直接体现在不教自学的最高境界之中。用辩证法来说，学生学习是内因，教师教学是外因。

教师在提问过程中要有意识地调整提问的方式，这种方式就是提问控制策略，这个策略对教学内容、教学进度起着控制的作用。教师在提问时，应注意以下几点。

（1）教师在教学设计时在教案中标记问题。

（2）为启发、鼓励学生，肢体行为应与所提问题协调一致。

（3）提问设计要清晰、简短、切合实际。

（4）给学生留出一定的时间，听到提出的问题后，思考或做好回答的准备。

（5）教师设计问题时要吸引学生的注意力和主动参与。

（6）教师应在学生思路不清晰，回答不精确、不完整时要继续提问，不必马上给出明确的答案，给学生留有思考的空间。

4. 提问评估策略

提问评估策略是教师给予学生的回答。教师提问，学生回答，教师再根据学生的答案给予反馈，这个反馈就是提问评估。要想做出有效的提问评估需教师充分掌握学生个性，并采取科学合理的教学手段，具体内容如下。

（1）引用。教师给予学生反馈的过程中使用学生答案中的内容就叫作引用。这种引用不但使教师的回答更具有针对性，更容易被学生理解，还在深层意义上肯定了学生的答案，使学生得到间接的表扬。简而言之，引用能够提升学生的自我认同感，鼓励学生在课堂中大胆发言，形成一种良性的循环。

（2）表扬。一般来说，对于能力较强的学生使用引用方法进行间接表扬效果非凡，但是针对一些学习能力相对较差的学生，口头表扬的效果则更佳。它有助于成绩较差的学生重拾自信，给予一种强烈的心理暗示，引导其逐渐走向成功。

（3）鼓励。教师的鼓励在英语教学中对学生具有重要意义。教师切不可在学生不能回答问题或学生的答复不得当时冷言相对，挫伤学生的自尊心。给予学生适当的鼓励，不断给予暗示，努力帮助学生找出问题

所在，直到找出正确答案，这才是正确的行为。

四、话轮转换策略

课堂教学是一个会话交流的程序，英语课堂不能限制学生踊跃参与课堂的条件和兴趣。为有效地提高学生的英语能力，大学英语教师应当有意识地运用会话分析理论中的话轮和话轮转换策略，来提高课堂中师生积极互动。

（一）话轮与话轮转换

所谓会话，通常意义上讲就是交流的双方不断发言、进行转换话轮的过程。传统教学模式中，教师对课堂具有很强的限制权力，这在一定程度上影响了学生学习的主动性。而传统教学大多采用集体课堂的形式，这也使得每个学生的融入感有所下降，进而使学生学习效率低下。因此，教师在课堂教学中要灵活运用话轮转换原理，提高学生的教学参与度与课堂融入感，潜移默化地提升学生的交际能力和英语交流能力，从而改善教学效果、提升教学质量。

（二）话轮与话轮转换策略在大学英语教学中的运用

1. 开场寒暄话轮和及时结束话轮

课堂上，教师进入课文学习的过渡部分叫作开场寒暄或导入会话。表面上看似和上课无关，却是师生之间开展教学活动的良好开端。就像两个熟人见面时要打招呼然后再谈正事一样，除了像“Good morning!”“Hlol，Hi!”“Let’s begin our class!”等一些常见的礼节性的客套话之外，还有相当一部分涉及将要学习的课堂内容，而且形式多种多样，有课前交流、阐述观点、对话等，都可以起到开场的作用。例如，在一节课上从师生的对话中可以看出，开课前的课堂对话是多么重要。看看如下的开场（下文中 T 指老师，S 指学生）。

T：What can we do in the classroom?

S1：We can read in the classroom.

S2：We can write and learn in the classroom.

S3：We can sing and dance sometimes.

T：We can do so many things in the classroom，but we can't drive the car in the classroom.

T：Can you tell me what can we do and what can we not do in the classroom?

其一，当话轮被谈话的其中一方接纳或开始时，就应根据课文的意思和要求尽可能使自己的谈话包含足够的信息量。

其二，所提供的信息应不超过要求，以防谈话啰嗦无意义。

其三，讲话人要在合适的时候巧妙地结束话轮。

从以上这几个方面来看，教师在开始一个新的话轮时要严加注意。在一个例子的开场中，学生的兴趣和注意力被教师第一个话轮的问题所吸引，从而产生了学习的兴趣。为使话轮得以继续，教师在接下来使用有层次的问题来启发思考、引导学生讨论。接着问题难度逐渐加大，学生的发言逐渐减少，为使学生获得相应的未知信息，教师需要提供足够的信息来完成本次话轮。教师使用一个问题和一句过渡语在话轮结束的时候，巧妙而简短地结束本次话轮并引出下一个部分。至此，这个开场话轮的技巧运用就比较成功了。

2. 有效利用巧妙的过渡语

在授课中对于话轮的转换，在说话轮次的分配成分上，根据萨克斯等人的会话理论，必须会有一个交换点，即 TRP 的出现，不然话轮交替就无法正常进行，谈话也不能继续下去。不仅如此，任何一个想在会话中接替话轮的说话者，一定去听正在说话的一方，随时找出他可插话的地方以试图取得话轮。关联理论则认为语言交际其实是一种明

示推理过程。

教师语言在组织课堂中发挥着重要的作用，因为它不仅是教师的工具，同时也是学生学习的一个重要来源。比如在解析课文时，为避免使用老套的“What is the main idea of next paragraph？”“let’s move onto the next part！”教师可以根据两段文章中有效的关联部分来设置问题，这样自然地把学生的思维过渡到下一个部分，让课文内容与思想容易被学生理解。又如在《新视野大学英语》第二册第一单元课文“The expensive fantasy of lord williams”中，这篇文章前面的部分是别人对威廉勋爵很富有又很乐于帮助村民进行的评价，那么在后文开始之前，教师可设置如“Do you have some doubt about his money？Why is he so rich，in your opinion？”设定这样的问题让学生思考。学生思考和表达后再从课文中得到答案，这样就可以让学生积极地参与课堂。

3. 合理分配话轮

实际上，因为话轮的分配过程中不平等，所以教师使用单一的话轮分配形式不利于学生获得平等的话轮权。不过这些缺陷可以通过小组恳请的方式进行弥补，这就可以实现师生之间的全面互动，让全班同学最大限度地参与学习。

和个人恳请相比，小组恳请是学生之间自行支配话轮的接替，这样教师就不再是话轮分配的支配者，因而小组恳请可以达到使用目标语的目的，让学生在课堂上有更多的时间和机会参与言语互动。那么与全体恳请相比，小组恳请能使下一个话轮接替者更为具体，更好地把话轮分配给每一位学生。在小组讨论活动中，由于课堂上的言语互动不再受限于师生之间，学生与学生之间的互动极大地增多了，所以学生们参与度很高，表现出更大的学习能动性。

由于学生与学生之间的言语互动大大增多了，所以学生们参与度增强了，激发出更大的学习积极性。活动参与者之间处于一种互动状态来

提高学生的交际能力，它们通过意义共建增进语言学习，因此在语言环境中掌握了话轮转换技能。

课堂话轮分配模式是课堂的指挥棒，对课堂气氛与学生的参与度起着关键的作用。因而教师分配比例应根据教学需要调整各种模式，尽量避免单一和固定不变，尽可能地掌握话轮的分配模式，把话轮合理地分配下去。同时为实现师生之间的全面互动，应鼓励教师多运用小组恳请，这样使全班学生都能主动地参与学习。

4. 授予话轮的策略

在教学中，由于受中国特殊的社会环境、传统文化观念影响，大学英语课堂形成一种学生习惯于认真听讲而不去主动参与学习或提问，或先举手后发言等课堂模式的现象。课堂大部分时间都被教师的话语占用，话轮的支配权和主动权主要在教师手上，不是学生无法像自然会话那样为获得话轮替换去自由竞争，而是由教师或课堂规则来授予。

说话人的发言权受前面话轮的指配。指配的方式有两种：一种是当场接受分配，另一种是根据预先规定的程序来发言。

当场接受分配是受前面话轮指定，然而根据预先规定的程序如顺序号来发言。根据预先规定的程序发言可能是在课堂活动开始前就规定好的，在轮到时可予提示，如在课堂上，师生的对话中就能学到很多知识。

T：Can you introduce yourself to each other？

S1：I'm Tao.

S2：My name is Yao Zhigan.

S3：My name is Zhang Ping.

上例就属于预先受配的话轮替换方式，如中学生围着桌子顺时针方向自我介绍。

非受配性接收话轮的发言权通常是对前面的诱发所做的反应，既不是当场指定，也不是预先指定的。虽然这类话轮内容已由前面的话轮确

定，但明显是属于自选的。例如，

T：Why did he leave his homeland？

S：For political reasons.

T：Yes，for political reasons.

教师在课堂交流中常用的使用话轮的方法，经常是通过设定下轮话语的情节来确定进入话轮，这种诱发可以是语言性的，也可以是行为性的。通常语言性诱发更接近自然会话，所以带有更强的交际性色彩。

例如，

T：What do you think？

S：Listen./Did I tell you about it？/Oh.I want to ask you.

这个例子是一个询问一个回答的毗邻双部结构，这个双部结构诱发了学生做出回答，进入会话。它的第一部分就指定了下轮话语的内容。平时许多没有经指定的自选话轮常常是因为诱发同时发出，这显然理解起来有些困难，可以用以下方法来解决。

（1）指定发言对象、指定发言内容。例如，

T：Linda，will you please tell us the difference between “simile” and “metaphor”？

S：OK，let me try.

这个例子中，当教师在授予学生话轮时，他还可以通过毗邻双部结构中的询问和回答指定话轮内容。教师通过这一策略授予话轮还可以直接指明发言对象。例如，

S：I go to see my grandma tomorrow.

T：Good. You will go to see your grandma tomorrow.

S：Oh，yes，I will go to see my grandma tomorrow.

（2）教师传授知识时还可以通过指向性姿态来授予话轮，比如神态、形体语言，如手势、面部、手臂、目光提示等。例如，

T：Today we'll talk about our friends. First，please describe one of your

friends with some sentences use adjectives，such as：

Is he tall or short？Happy or sad？And so on. Practice by yourselves.

S1：I have a good friend xxx. She has big eyes. Her hair is long. She’s tall. Her PE is very good.

T：That’s good. Who else？

S2：…

（3）学生话轮可以通过教给学生一些话轮类型，以及话轮转换时常用的词语或语法结构来授予。库克将有关话轮转换的惯用表达方式归纳如下。

T：I have some friends. Look at the screen.（Play the video.）

Ss：Look and listen to the PPT（pictures and sentences）.

T：Please pay attention to these adjectives. Why are they changed？How did they change？

What can you find？（Discuss in pairs.）

S1：形容词发生了变化。

S2：形容词后面都加了 er。

T：What else？

S3：有的形容词要双写末尾的字母再加 er，像 big。

S4：还有的形容词，像 heavy，是把 y 改成 i 再加 er 的。

以上几点是库克对于话轮转换惯用表达方式的归类，给学生提供了一个组织语言材料的大致框架，待学生熟悉各种表达方式之后就可以准确地获得话轮，从而进行话轮替换。

5. 恰当处理学生的反馈项目

听话者对当前说话者的话语做出的反应就是反馈项目，表示自己在聆听对方讲解后继续发话。当反馈项目在会话中能起到配合作用，这样有利于主话轮的展开，尽管它的信息量不是很大。教师和学生在课堂英

语口语交流中，学生如能掌握好适时发出反馈项目的策略将有利于话轮替换的进行。若是学生不适时地做出反应或交流中缺少了反馈项目，那么会话就很难进行下去，说话者也就无法知道他所传递的信息是否被接受。

教师在课堂教学中，主要以“提问”的方式让学生积极主动参与到课堂会话中。因为对于提问的时机、对象，以及对回答的反馈不是那么容易把握的。所以，提问似乎没有表面看起来那么简单。

教师发现课堂上发出的邀请话轮没有得到及时回复时，那么教师应当先重复问题或者对问题进行解释，诱导反馈话轮。假如诱导不成功，如果有潜在的反馈话轮对象，教师可以用鼓励的方法指定反馈话轮的发言者。如果连潜在的反馈话轮都没有，教师可以用自答的方式结束话轮，立刻变换一个新话题来诱导学生参与。

如果教师为了给予反馈意见而开始新的话轮而讲缺点时，不能用学生的错误来作为笑料或者指责学生没有及时回答问题。教师应注意说话语言，不能伤害到学生想获得他人尊重的内心需求。

6. 及时进行修正调整

如果会话中双方出现听不明白、表达有障碍或表达有误等现象，就要及时加以修正。修正有两种方式，即自我修正和他人修正。自我修正就是说话者修正自己表达中的错误；在交谈中通过补充的方式帮助他人改正表达错误，澄清和督促等都是他人修正。

例如，

A：We are going to have a picnic tomorrow.

B：Picnic？

A：Picnic，you know，means to have dinner outside.

B：a’hair is long，but b’ hair is longer than her hair.

例句中 A 在 B 要求澄清的情况下做了自我修正，才确保了话轮替换的继续进行。谢格洛夫在功能层面上将话轮修正分为重叠、互换、添加插入和重构四类。如果在会话中涉及多个话轮，修正的协商功能则较容易发挥出来。那么交谈双方在这种不断地发现和修正问题的过程中才能达成共识，才能使交际过程顺利完成，否则可能出现交际失败的结果。

那么在英语课堂的交际过程中，当师生们沟通遇到问题时，就应在自己的话轮里及时修正。比如老师在授课时发现同学的反应不太好，那老师就应及时改变表达形式来引起同学的注意力，以达到产生兴趣的目的。如果是因为学生英语水平所限，那么教师就应采用更简单的英语来进行沟通，或者采用添加汉语的方式进行修正。如果教师发现问题但没有及时修正，学生误解的情况就会产生恶性循环，不仅反映出师生间缺乏直接流畅的沟通，也造成时间的浪费。

因为学生在外语课堂交流中往往在听不懂时不知道如何提醒对方改正，自己表达有误时也不善于自我修正，致使会话常常陷入无语中，甚至被迫中止话轮。其实，教师应多注意对学生的修正话轮训练，因为它是非常典型的教学语言。学会及时修正调整能够在碰到学生不合规范的话、无意误用的语言或发生误解时无师自通。

教师对学生的动词将来时态的使用进行修正，使用修正话，如“You will go to see your grandma tomorrow.”，及时修正了学生的语言。这样做既没有改变学生的发言内容，也没有争取原话轮的发言权，因而修正并不是像负反馈那样索取或缩短原话轮的发言权。教师在外语课堂交流中应善于灵活运用修正话轮这一技巧。

总而言之，以教师为中心的传统一言堂式课堂授课的教学方法，违背了语言作为人们相互间交流思想的工具这个根本性的认识，可以用话轮转换的方式解决这一弊端。为了引导学生熟悉、掌握话轮更替的特点，以及掌握各种语用策略，以便加深他们对英语的重新认识，来提高学生的英语会话能力，教师可通过交换、鼓励、帮助和引导等策略促进学生积极参与交际。因而，教师将话轮和话轮转换策略积极有效地运用到课

堂交流中，必须要转变传统的教学观念，使得大学英语课堂变成真正的师生积极互动的语言交际场所。

五、激励策略

（一）激励策略的作用

激励策略是指能够激发学生学习兴趣，保持学生参与的方式方法。可以说，激励策略的内容主要包括用来控制如环境、教师的榜样、奖惩制度等影响学生动机的因素，是激发学习动机的有效教学手段，这一策略与动机关系密切。

（二）激励策略的原则

1. 兴趣性原则

快乐是人追求知识的基本需求，能为自己提供精神上、知识积累上、心理上的快乐活动，人们都喜欢。反之，则会厌倦这样的活动。那么，若是学生对学习本身缺乏兴趣，则很难参与其中，学习的效率自然不高。教师可从以下几个方面来着手。

（1）教师能把学习内容和学生的成长有机地联系起来。

（2）教师要了解学生的兴趣爱好，由学生的喜好来设计教学活动。

（3）组织学生讨论与其看法相悖的观点。

（4）在课堂教学中融入幽默故事、趣闻轶事。

（5）培养学生的发散性思维，设计脑激励活动。

（6）教师授课的语音、姿势、眼神、表情等肢体语言都应避免过分呆板，否则无论教学内容多么有趣，学生都不会产生兴趣。

2. 自主性原则

一般来说，每个学生都希望拥有自我选择的空间，不喜欢被强迫或被动参与自己不感兴趣的活动。因为自主是人与生俱来的需求，而且人们对于命令都有一种天然的抵制心理。

（1）由学生决定完成作业的方式、多少和时间。

（2）积极培养学生的责任意识，尽量让学生如实评估自己的行为。

（3）为学生制定多种学习目标，让学生自己决定活动的方式，以便更好地完成。

（4）教师鼓励学生自己制定自己的学习目标，并监控自己的学习行为。

（5）教师努力把课堂程序的安排交由学生自己去决定。

（6）避免惩罚学生，学生自己的不良行为让学生自己审查，自行改正。

（7）鼓励学生大胆地发表自己的观点和看法，避免学生担心他人的批评或嘲讽，给学生以心理安全感。

（8）如需局限学生的行为，教师应给予合情合理的解释，并表示愿意接受不同的意见。

3. 自尊性原则

每个人都希望得到尊重，期盼得到别人的认可。自尊能够增强人的信心、努力进取的勇气，一旦获得认可，就能激发学生的学习动机。对此，为培养学生的自尊，教师可从以下几个方面着手。

（1）努力让学生能够大胆发言、积极思考，创建轻松的学习环境。

（2）对有正确学习态度和方法的学生要给予充分的肯定。

（3）让学生努力做到接受错误，改正错误，继续努力，获得更大的成功，正确对待自己的成功和失败。

（4）不管学生取得的成绩如何，只要学生努力了，教师都应对此予以肯定和鼓励。

（5）激发学生的理想，对学生提出高期望、高要求，并帮助他们实

施计划，实现预期目标。

（6）鼓励学生根据自己的成绩和目标来如实评价自己，找差距，有针对性地开展下一阶段的学习。

4. 自我实现原则

学生因为缺乏自信心导致畏惧学习或对学习没有兴趣。多数学生都曾刻苦学习，却因为不得要领等原因失败，而丧失对学习的兴趣。而部分学生对英语产生了兴趣，得力于方法得当。能够时常体会到成功的乐趣，对自己的能力也充满信心。

所以，学生只是因为未能取得一定的成绩而自信心受挫，并不是天生地排斥学习。如果可以让学生证明自己的能力、体会到成功的喜悦，他们的学习动力就会越来越大，才会更加坚定克服困难、坚持不懈的信念。为了激发学生的学习兴趣，帮助学生完成自我实现能力，教师可从以下几个方面进行指引。

（1）为确保学生达到预期学习目标，要组织设计评估性学习活动。

（2）为避免传统教学中好坏学生对比带来的负面影响，统一采用标准参照评估程序。

（3）为使优生能看到自己的成绩，后进生也能看到自己的收获和进步，要根据具体情况设计弹性评估程序。

5. 归属感原则

一些心理学者认为，人在成长过程中最害怕的是被孤立、被否认。同样，在学校，每个人都有一个归属感，都希望能够被接纳、被认同。不管是被教师捧在手心里的“好学生”，还是被整天埋怨或者不屑一顾的“差学生”，都在寻找自己在这个班级里的位置，希望在班级占有一席之地，把自己融入整个班级里。缺乏归属感会让部分学生变得自卑，与其他同学疏远，丧失了学习的动力。为了使学生被认可、被满足，提升学生的动力，在激励机制下的英语教学应该给予学生这种归属感。教师想实现这一点，应从以下几个方面着手。

（1）要让学生做到相互理解、相互包容，就要帮助学生学会聆听他人的感受，接受他人。

（2）在小组中，不能因某个学生的表现不好来惩罚其他学生。

（3）适当采取一些竞争，要让学生正确对待奖赏，要有荣辱感。

（三）激励策略在大学英语教学中的运用

1. 兴趣激励策略

常言道：兴趣是最好的老师。那么最能够激发学生兴趣的策略就是激励策略。不过，兴趣是一个非常复杂的心理现象，需要长时间的积累和引导，它的培养绝不是一朝一夕可以完成的。心理学上的重复定律说：任何行为和思维可以通过不断重复得以不断加强。但对于学生来说，每当教师在他取得进步时，都及时给予持续的肯定和鼓励，学生就会积极主动地学习，这样就能长期保持学习动力。随着时间的推移，学生就会养成一种良好的学习习惯，习惯成自然。

2. 目标激励

在大学英语教学中，为了激发学生的学习动机，可以设立合适的教学目标。所以，在教学过程中教师应给学生提供明确、具体可行的目标。同时给予学生将这个目标转化为实际行动的指导，使学生感到有所收获。目标激励在教学过程中应注意以下几点。

（1）教师设立的目标难易度要适当。如果目标设立得过高，难度太大，学生难以实现的话，不仅没有激励作用，反而会挫伤学生的学习兴趣和信心；若是目标过低，学生太容易实现，缺乏挑战性，也同样无法有效激励。

（2）设立的目标要具有层次性和阶段性。这个阶段学生总结成功的经验，以用来增强学生向更高目标进取的信心。

（3）及时引导、帮助学生去实现这个目标，教师在设立目标后必须为这些目标创造实现条件。

3. 榜样激励策略

教师将学习态度端正、成绩较好的学生作为全班的榜样，用来激励其他学生向其学习，进而形成全班积极向上、努力拼搏的良好气氛的策略就是所谓的榜样激励。可以从以下三个方面实施榜样激励策略。

（1）教师请成绩优秀、进步较快的学生向全班同学分享学习方法或心得，以此来感染其他学生的学习情绪。

（2）教师介绍中外名人的经验和事迹来激励学生进行学习。

（3）为了更好地指引学生，教师要以身作则，为学生树立学习的榜样，主动提高自身的英语水平和教学能力等综合素质。

4. 情感激励

大学英语教学，既是学生学习英语知识和技能的过程，又是教师共同参与展示才华的空间，也是语境中的人际交流活动。心理学家认为：情感对人类行为动力有直接影响。所以在教学活动中，激励学生产生学习动机的目的也可以通过师生之间的相互作用、情感交流的手段来达成。以下几点是教师在教学过程中采取情感激励应注意的条件。

（1）在教学过程中，教师不但要有升华的教学艺术，让学生体验到学习的轻松、愉悦，还要给学生提供成功的机会，让学生体验到成功的快乐。

（2）在教学中，教师应当尊重和信任学生。如果教师尊重、信任学生，学生就会把这种情感转化为自己学习的动力，会大大提升投入学习的积极性。

（3）教师要对学生抱有期望。使学生更加自信、自强，激发其积极进取的内部动力。教师在教学中表现出对学生的信心、期望，会使学生理解教师的感情，最终达成这一目标。

第四节　大学英语教学方法实践研究

一、情境教学法分析

（一）情境教学法理论的形成

情境教学法的形成大约在 20 世纪 70 年代，为以后语言发展提供了理论基础，并指明了方向。

1. 建构主义理论

建构主义理论的基本观点可以从以下四个方面进行理解，就是知识是相对的、学生是学习的主体、学习过程中有四个主要要素、教师在教学过程中起主导作用。

（1）知识是相对的。建构主义理论认为，知识不是绝对的而是相对的。具体情境总有其特殊性，知识在各种情境下的运用并不是简单的套用。教学过程需要把握它在具体情境中的差异变化，并不是教条式的背诵和记忆。从这个角度来说，教学是知识的处理和转换，并不单纯是传递知识。

（2）学生是学习主体。在平时的学习中，学生本身潜移默化地形成了一定的学习方法和知识体系，所以他们对知识的接受和掌握的程度也就不同。

学生对知识的理解存在差异是很正常的现象，更是一件好事。学生对知识理解的差异形成了不同的学习资源。由于对知识的接受程度不同，学生们在一起讨论和研究，对不同的思想进行交流，从而可以较为全面和丰富地理解知识。

与之相反，建构主义则认为教师的教学指导是最重要的。教师应该在教学过程中起主导作用。

（3）学习过程中的四个主要要素。

环境。在语言学习中，学生在这种环境下进行交流学习，杜威和布鲁纳等人对语言环境是非常重视的。

合作。在学习过程中，必须通过语言进行合作。

交流。“交流”或称“沟通”是合作过程中必不可少的组成部分。学生之间相互交流合作来完成规定的学习任务。显而易见，合作离不开相互交流。

意义建构。语言学习的最终目标就是意义构建，它主要是指学生能最终理解事物之间的本质联系。

（4）在教学过程中教师占主导地位。学生是学习的主体，要做到主动学习，在真实的环境中顺利完成学习任务。但是为了让学生更好地理解知识，建构主义还需要教师提供一定的帮助，帮助学生梳理知识体系。

教师必须从自身角色开始转变，教师不仅仅是知识的传递者，更是学生学习的辅导者。例如，学生要形成自己是知识的建构者的心理模式，那么在学习中就需要采一取种新的认知加工策略。因而，教师必须提供学习过程中需要的学习工具给学生。以便培养学生利用学习工具的习惯，以及学生自己构建知识网络和理解知识的能力。

教师应该经常提出一些发散思维的问题，这种问题通常会有一个或者多个答案，并鼓励学生想出多个答案来解决问题。

教师应该认识到，除了传递知识，教师的教学目标也包括情感的培养，在教学的过程中注重学生的情感，让教学真正与每个学生发生联系。

2. 建构主义理论的特点

以下几个方面就是建构主义理论特点的主要体现。

（1）交往的作用不容忽视。在教学过程中，交往备受人们的关注，因为只有交往才能突出学生的主体性地位。建构主义学习理论真正将教学看成一种“交往的过程”，强调教学中交往的作用。以下两个方面就是教学中交往的作用的主要表现。

第一，学生之间的交往。交往是建立在语言交流的基础上的，学生们在一起学习交流，实际上是语言的实践和运用。

第二，师生之间的交往。教师在课堂上占据主导地位，其目的是创造师生之间交往的环境。

（2）学习素材对学生的作用不容忽视。建立新型的因材施教观是培养学生的实际能力和学生的潜在能力都需要考虑的。这些观点在一定程度上对教学设计和教材的编写有很大的改变。

（3）学生个人的经验与交往的作用不容忽视。

个体根据自身经验去建构有关知识的意义的能力决定了获得语言知识的多少。

强调个体的社会经历，将个体的学习与社会的个人经历结合起来更有助于个体有效地掌握语言，可以使语言学习更具有实际意义。

总而言之，在教学过程中可以通过师生之间、学生之间的交流和合作共同完成教学任务。在交流和合作中，学生可以不断地张扬个性，发现自己的能力，增强自信心，更好地发挥学生在学习过程中的主导作用。

（二）情境教学法的原则

（1）合作关系是基本保证。情境教学强调教学要在师生间互信、互重的前提下进行，是因为教学从本质上来讲就是一种特定情境中的人际交往。

（2）学习和自主创新的主体地位。这就要求在情境教学时，教师要从学生的实际出发，让学生积极、主动、快乐地参与课堂活动。

（3）在情境教学法中，教师设法引导学生向问题答案的方向去思考，

让学生充分发挥自己的想象去独立思考问题，并找到问题的答案。

（4）培养良好的学习习惯，还要充分培养刻苦和钻研的学习精神，以便发掘无限的潜能。教师在教学过程中，要注重学生的理智与情感的结合，要不遗余力地想办法去培养学生良好的习惯，挖掘学生的潜力。不是单纯地要求学生努力学习。简而言之，教学是一种精神的集中与轻松并存的状态。情境教学法最理想的效果就是学生在学习中张弛有度，学生取得更好的学习成绩自然是理所当然的。

（三）情境教学法的实施

1. 背景的设计

语言学习要在一定的社会文化背景（情境）中实现。学生会在所提供的社会文化背景下，将已经理解的知识和新的知识联系起来，吸收新的知识，并且把旧的知识和新的知识融合在一起。所以，教师在教学过程中，不断创造出学生学习语言的社会文化背景，引导学生积极参与和学习。与背景设计相联系的几个因素如下。

（1）相关的范例。构建心理模型以备需要的时候或者是解决问题的时候参考。与此同时，还要想出解决问题的多种想法，培养学生的发散性思维。

（2）学习的任务。教师要先向学生描述社会文化背景，然后再告诉学生学习任务。告诉学习任务的目的是激发学生的学习积极性，培养学习兴趣，吸引学生参与。与此同时，教师还应注意允许他们操纵某些维度，自己做出决策，在问题呈现的过程中为学生留出足够的操作空间。

（3）学生的自主学习设计。建构主义指导下的情境教学法强调学生要主动建构知识的意义，设计出促进学生主动构建知识意义的学习环境中的重要一环就是自主学习设计。

内因决定外因，外因通过内因起作用。在适当的社会文化背景下，学生需要独立自主，以便更好地完成学习任务。由此可见，学生的自主学习设计是情境设计中最重要的部分。

（4）教师的引导。建构主义倡导以学生为中心，认为他们是知识意义的主动建构者，是信息加工的主体。同时，教师是整个教学过程的组织者、指导者和协调者，对学生的意义构建起促进作用，因为以学生为中心的教学设计的每一个环节都离不开教师的有效启发、认真组织和精心指导。所以，在设计促进学生主动建构知识意义的情境时，不可忽视教师的指导作用。如果忽视了教师的指导作用，学习活动就会成为没有目标的盲目探索。

（5）学习资源。在学习过程中，学生要先确定学习资料的数量和种类，从而想出解决问题的办法。学习资源不但可以在书本中获得，还可以通过网络获取。这类信息和知识随时可以被学生选择。

（6）学习工具。学生可以借助认知学习工具帮助自己进行各方面的分析、编辑等，用来表达出自己心中的想法。

2. 意义的建构

如果学生在日常学习中得不到一定的吸引，也就很难加深教学方法和步骤，包括以下几方面。

（1）教学目标的剖析。在以意义建构新知识为中心的前提下，学生在学习过程中进行独立探索，还有教师的指导。但是不同的学习阶段所学习的内容都是由很多个重要并具有特点的知识点组成，所以在学习中对学习的内容进行剖析，来确定和完成所学知识的基本内容意义建构。

（2）自主学习策略的设计。自主学习策略是完成意义建构的基础。设计需要自主学习，同样，意义的建构也需要自主学习的策略设计。自主学习策略设计的目的是帮助学生选择有效的学习方式。元认知策略设计在自主学习策略设计中非常重要，是学生在学习过程中采用的学习策略之一。

（3）协作式学习的设计。就同一问题，几个学生可以提供几种不同观点，不仅如此，它还可以培养学生之间的合作精神。

二、交际型教学法

（一）交际型教学法概述

20 世纪 70 年代初期，交际型教学法逐渐产生了。当时，它是作为一种工具来进行教学的国外语言教学方法。可以说，当时的社会历史背景催生了交际型教学法的产生。

从 20 世纪 70 年代中期起，“交际能力”概念中包含了教育的实践、理论和研究的重大问题。这一概念与语言家乔姆斯基提出的“语言能力”形成鲜明对照。这个时候人们开始逐渐认同从社会的角度观察语言，于是社会需求和“交际能力”两个概念相结合，就形成了新思想即“交际语言教学”。其后，这种教学法就传入中国，并得到了较广泛的应用。

教师和学生在交际型教学模式中，他们的主要接受能力应当放在怎样利用语言作为介质以实现交际目的、完成任务上，而不是仅关注所述句子的结构是否完全正确。所以，交际型教学法是将语言的结构与功能很好地结合起来，要求教师不仅培养学生听、说、读、写等方面的语言技能，同时还要教会学生如何灵活地将语言技能运用到英语交际中去。

（二）交际型教学法的原则

1. 以学生为主体原则

教师在交际型教学法中，主要从两个方面进行教授。

一方面，教师要将课堂营造出轻松的氛围，让学生把课堂当成一个没有压力的语言实践场所。

另一方面，从预习课本到课上实践、课后复习，教师要有意识地开启学生的主观能动性，每一个环节都让学生自己思考、发现并解决问题。通过教师与学生角色的变化与教材内容的选择来着重体现以学生为中心的教

学理念。对英语教师来说，这就是一个挑战，他们需要充分了解每个学生的差异，选择针对每个学生的教材，也可以根据不同的学生来选择和推荐教材给他们。

2. 以意义为中心原则

交际型教学法中，意义的传达尤为重要，因为在与他人交流的进程中，不管是用母语还是其他语言与人沟通，大多数教师更加重视在课堂上讲解句子的词汇、语法的结构。正是因为这种传统的教学方法，才使得很多学生学习了多年英语却在真正的交际场合显得无所适从。学生在课堂上基本是为了学而学，课堂上的英语文段并不是实际生活中的口语。

在授课中教师应尽量减少在交际型教学法中挑学生语法上的错误，应尽可能地接受学生在语法上所犯的错误。包括语言学习在内的任何学习，都是在犯错、改错的过程中进步发展的，只要学生能够完整地表达出自己要表达的意义和观点，教师就没有必要去指正语法上犯的错误，只需要帮助他们能够顺利完整地表达观点即可。但不是说只是重视语言意义的培养而完全忽视语言在形式上的表现，而是让学生们来主宰支配语言，并广泛应用于生活当中。

3. 以任务为指向原则

教师应在语言教学中，给学生提供交际活动或分配任务，让他们能够学有所用，让他们在真实的交际中运用他们所学的语言，通过这种语言交际使学生在实践中更深地掌握所学的语言。在交际型教学中，应将语言的学习与其他学科的学习任务相融合，将语言作为学习其他学科的中介，不可只限于对语言本身的学习，或者是将语言作为一门独立课程来学习。实际上，若是以任务为中心，学生之间可以有更多、更真实的交流，那么学生的积极性也会更强，所以任务和交际是分不开的。除此之外，学生还可以在英语辩论、英语演讲、英语段子等形式的课外活动与任务中来培养发展自己对语言的运用与驾驭能力。

4. 真实性原则

交际型教学法中的真实性的含义有以下两个方面。

（1）强调教学内容的真实性。教学内容贴近生活可以有效地培养学生的交际能力。以在实际生活中很少使用的书面语言为教学基础不利于培养学生的语言交际能力。

（2）强调教学环境的真实性和语言实践环节的模拟性。利特尔伍德认为“交际法使我们更强烈地意识到只教会学生掌握外语的结构是不够的，学习者还必须掌握在真实的环境中将这些语言结构运用于交际功能中去的策略”。

交际型教学法不要求学生仅使用真实语言，还要求使用的语言具有创造性和不可预测性。也就是说交际型教学法要求语言的形式要实用且丰富多彩，不能为表现对语言知识的掌握而使用。此外，交际活动的角色一定要真实，教师要让他们对交际存有愿望和期待，鼓励学生融入自身所扮演的情境角色中。

（三）交际型教学法的具体实践

1. 设计交际活动

在交际型教学法的课堂环境中多设计强调语言功能特点的交际活动。其目的在于鼓励学生尽可能依靠已经建立的目标语知识体系来实现有效的交际，进而交换信息或者解决问题。具有功能交际特征的活动主要有描述、猜词、简短对话、角色扮演几类。

（1）描述活动是指教师给学生一个具体的事物或具体的事件让学生来进行描述，主要加强学生对段落形式的运用和目标语的理解。比如教师可以让学生来描述自己的卧室、学校或者居住的城市的见闻。通过锻炼学生对事物的描述，既可以锻炼学生的思维与语言组织能力，又能帮助学生更好地进行交际。

（2）教师还可以通过猜词语活动来锻炼学生的口语使用能力。开始学生必须充分掌握句子本身的含义才能得以灵活运用，对句子的掌握和运用是学生交际能力的基础。

猜词活动时，教师先请一个学生背对着黑板面向大家，然后请另外一位学生将一个刚学过的单词写在黑板上，请全班同学各自用英语解释黑板上单词的含义，让站在黑板前的同学来猜这个单词的拼法和意思。这种形式既活跃了课堂气氛，使每位同学都可以积极踊跃地参加，又寓教于乐，让学生在玩乐中轻松掌握对单词的理解，是训练学生口语更有效的方式。

（3）简短对话活动在一定程度上可以决定交际能力的发展，学习者可以通过对一些话题，如天气、心情、交通情况、体育赛事的讨论来进行简短对话。表面上看这些对话没什么含义，但它们对活跃社交气氛有着不可忽视的作用。所以，学生应尽可能地利用简短对话来与人沟通，用简短的文字恰到好处地表达自己的想法与见解，既能清楚明白地表达自己的思想，又简短有力，不会因冗长的文字而令对方生厌。

学生必须对交际活动中的信息确定一个共同的认识标准。在交际双方达成一种平衡，这种平衡存在于所共有的知识和交际活动中的不确定因素之间。它能够为交际的如期进行提供必需的动力。例如，交际活动在某一汽车展示厅内，一位学习者认定要看的汽车车型小且时尚，而另一位学习者却持完全相反的意见。平衡被打破，这样的交际便无法进行下去。

2. 评价交际能力

对学生交际能力的评价是在设计完交际活动并由学生进行实践之后。教师所设计的交际活动，兼顾功能特征与社会特征。相应地，功能因素与社会因素也就成为对学生交际能力评价的重点。当然，学生总体交际能力的评价，是对功能与社会两种因素统一的评价。

（1）对运用目标语得体性的评价。

可以选择目标语文化背景知识所确定的得体性决定交际的话题。隐私话题在不同的文化中有不同的想法。例如，因为民风民俗的差异，一些在中国人看来常见的话题却不被外国人所接受。如果一个中国人问一个外国人“Are you marred”“How old are you”“Where are you going”等，就会被视为违反了英美人民的生活习惯。

与交际者之间的关系，以及当时所发生交际的语境是判断对目标语的使用是否恰当的重要标准。例如，“What's your name”的表达形式虽然没有错误，但并不能用于打电话时询问对方的身份，而要采用“May I know who is calling”的表达方式才算得体。

（2）对文化背景知识掌握的评价。

这点在培养学生的交际能力时不可或缺，它有助于学生掌握语言运用的准确性。语言的本族语者所共有的社会文化习俗决定一种语言表达方式是否得体。因而，学习并掌握这些文化规则应该引起学生在交际过程中的注意。

教师在将带有文化误解的交际场景呈现给学生时，可以同时考查和评价学生对文化背景知识的掌握。本族语者负面情绪的产生可能源于这些文化误解，此时教师可以让学生判断并指出问题所在并加以改正。在这个过程中，教师引导学生了解和掌握目标语文化语境下的社会交往知识与技巧，同时可以观察、判断学生对该文化规则的掌握程度，提供启发性知识。同时，为巩固学生对母语文化的掌握，教师还可以对目标语文化与母语文化加以比较。这样有利于在目标语文化与母语之间形成一个健康的平衡状态，帮助学生在以后更好地进行交际。

（3）对约定俗成习俗掌握的评价。

每一种语言都包含大量固定语言形式和用法。如果学生对这些不清楚，即便语言表达再正确，但与约定俗成的用法不同，那么在交际过程中也会事倍功半，可能会遇到一些尴尬和困难。例如，在交流中告知时间，可以说“It’s twenty to three”或“It’s two forty”用“It’s three minus twenty”或“It’s ten after two thirty”等形式就不对了。再比如说，在互相问候时，英语中常用“How are you？”用“Are you well”或“Are you in good health”等表达方式就显得不那么贴切了。除此之外，在英语礼仪交往中，一些固定短语是必须使用的。例如，在请客人先于自己进入房间时要说“After you”；一位熟人好久不见，偶遇时要说“How nice to see you”等。以上的约定俗成主要是句型和语法结构上的。其实在英语中，词汇也存在一些约定俗成的表达方式。例如某些特殊场合只能用某些约定俗成的形式，像“Check，please”就只能在饭店结账时使用。

在英语教学中，这三个方面的评价是缺一不可、相互联系的。只有对这三个方面都了如指掌，才能有利于学生文化得体意识的培养，这恰巧是交际能力的重要组成部分。

三、任务型教学法

（一）任务型教学法的含义

任务型教学法的中心就是任务。它强调活动要有明确的目标性，主要具有显著的特点。

总之，任务型教学或学习是整个系统或课程中的组成部分，但任务不是一般的、孤立的或者可以任意组合的教学或学习活动。

（二）任务型教学法的原则

教师对任务的安排与设计是任务型教学法的主要涉及层面，因而任务设定原则是我们的主要探讨对象。

1. 任务的明确性原则

对教学目标的思考是教师设计任何教学活动都离不开的。这次教学

要解决什么问题，学生需掌握什么知识，教师在制定任务前要弄清楚。教学目的、要求和重难点应该在教学任务布置时明确地体现出来。当然任务情境的设置不要太过简单，停留在浅表层次。这就要求教师应具体呈现任务内容，包括任务所要达到的目的、完成任务需要经历的不同阶段、时间安排、步骤的具体实施办法、学生需要完成任务的形式、合作方式等细节，尽量避免内容抽象、泛泛地布置大体任务、大体框架。只有这样，教师才真正做到了心中有数，学生才能清楚地了解需要努力的方向。任务目标足够明确能充分地利用有限的教育资源。

2. 任务的可行性原则

为了保证任务的目标能够达成，任务必须是可行的，必须要具有可操作性。循序渐进和任务的可分解性是任务的可行性的主要体现。一方面，为形成由低层任务到高层任务并由高层任务涵盖低层任务的反复，并由数个微型任务构建成一个完整的“任务链”，应该把任务设置得由易到难，层层深入；另一方面，这样一个完善的任务序列，正好形成了一个方便学生单独演练，或二人协同操练，或小组讨论，或全班齐练等多种立体交叉学习模式且易于分解的小任务单元。

除此之外，学生面对被分解后的小任务单元，也不会产生畏难心理，在逐步攻克堡垒后还容易形成良性循环。任务的可操练性既可以提升专业知识的学习，形成学习方法，还可以相互学习，相互借鉴。除此之外，学生间的相互合作还可以促进班级团结、团队协作精神，将整个集体凝聚在一起，可谓事半功倍。

3. 任务的可达性原则

任务的可行性保证了任务的可达性。设定任务时，教师要在保证任务可行性的基础上考虑到下述问题。

（1）既定的任务在多大程度上高出学生现有水平？

（2）有多少学生能够在规定时间内通过努力完成任务？

如果在客观地评估后发现任务过于困难，应该马上进行调整。破坏学生学习的积极性绝不是自主学习的初衷。一般来说，任务的难度应该略高于学生的现有水平。因为难度系数过高的任务会让学生气馁、挫伤积极性、败坏学习兴趣和前进的动力。教学过程中要严格监控任务的难度，随时进行调整，把任务的难度始终控制在一个合理的范围内。

4. 任务的挑战性原则

大多数自主学习中需要认真把握任务难度的设定。尽管自主学习是以学生自学为主，但内容的难易程度对学生的影响极大。尤其是过于简单的内容。事实上，过于简单的内容会使学生丧失学习兴趣、形成心理错觉、产生自满等不正确的学习态度。因而学生学习任务的设定应该立足于该生的具体情况、实际水平，略微增加一定的挑战性。这样的学习任务才能充分地加大学生的学习动机和兴趣，刺激他们的征服欲，发挥学生积极性、创造性思维，培养其自信心。事实证明，学生完成的任务挑战性越大，满足感、自豪感越强，更能长久地、持续地激发学习兴趣。

5. 任务的实用性原则

在英语学习上，中国学生最惨痛的教训莫过于只会写不会说，这种“哑巴英语”始终是中国英语教育界的心头之痛。出现这种情况的原因是什么呢？因为在教学设计上忽视了教学生有用的、实用的东西。既然如此，在教学任务设定环节中要本着“教学生有用、实用的知识”的原则，以实用为起点，为学生提供明确、真实、有用的信息。任何知识、科学技术的讲授、传递都要符合以上原则，为学生创造一种自然、真实的情境去体会、学习、创新。

6. 任务相关性原则

学用结合、学以致用的理念是任务相关性原则的具体体现，并且试图将语言教学和课堂社会化。具体可以从两个方面来阐述。

（1）学习任务设计中的相关性。在设计学习单元任务时，教师应注意由易到难、步步深入的设计思路。以便形成由低层任务向高层任务过渡、高层任务覆盖低层任务的循环，保证教学阶梯式地递进。

此外，学习任务犹如相互依存、逐步升级的阶梯，每一项任务的完成都印证了学生语言能力的发展。此外，任务的设计除了要由易到难，还要从接受性任务到表达性任务的难度提升。如听、说、读、写，听和读的任务可先于写和说的任务，让学生模仿录音或教师的语言，再让它们将学习到的知识重新组织，创造出新的组合。

（2）课堂语言学习与课外语言运用的相关性。就是将语言的课堂学习与课外运用联系起来，既可以缩小距离，还可以有效激发学习者的内在动机。学习理论的研究表明，内在动机能够促进学生积极投入到学习当中。当所学内容与实际生活紧密联系时，学生可以马上用学到的知识应对生活中的交际问题。这样他们的学习兴趣和积极性就被充分调动起来了。

（三）任务型教学法的具体实践

所谓的任务型教学可以分为任务前、任务中和任务后三个阶段。那么教学目标和教学技巧在每个阶段都有不同表现，下面分别介绍。

1. 任务前：准备阶段

任务前阶段即是“呈现”阶段。这一阶段的活动决定着整堂课的成败，是教学中非常重要的环节。教师在这一阶段通过各种活动，给学生介绍各种知识，给学生创设较好的学习环境。

任务前阶段的目的有两个。

其一，激活学生的知识资源，重构语言系统与思维方式。

其二，使学生具备文化知识，减轻在下一阶段的学习压力，让学生成为主动学习者。

斯凯恩认为，任务前活动的两个重点分别是：对任务总体认知的需求、注重语言的因素。可以简单理解为，如果学生在认知方面的压力在任务前阶段可以减少，就可以有更多精力注意语言方面的因素。任务前的阶段主要涉及词汇的积累、背景知识的掌握、新语言材料的介入、语法特点的运用、仿作与演练、提供任务的示范等几个方面的准备与学习。

2. 任务中：实施阶段

在之前准备的基础上，语言技能习得的主要过程是任务实施阶段。这一阶段教师不仅要鼓励学生重构语言，还要注意学生语言表达的流畅性和准确性。在这一阶段，教师合理任务的选择极为关键，过高或过低的任务难度都不利于学生的学习。然而，教学中经常出现任务难度或高或低现象，由此可见，恰到好处地把握任务的难度却并非易事。

在任务中期阶段常常选择的活动方式是小组活动。在进行小组活动时，要对学生和教师的角色进行适当的转换，要有明确的个人任务与小组任务。除此之外，教师要掌握并指导小组活动的进行。

3. 任务后：语法教学阶段

在任务型教学的目标分析中，不仅要求说话流利，语言的准确性也非常重要。事实上，语言的形式都很受任务型课堂教学的三个阶段的关注。正如布朗所言，如果任务前和任务后是有意识地学习语言的形式，那么任务中则是注意语言的形式。因而，为学生提供了一个再做任务的机会，督促学生完成反思任务的过程并进一步关注语言的形式，是任务后阶段的意义所在。在任务后的阶段，不仅要让学生重新演示任务的完成，还要让学生反思、分析自己在完成任务时的错误和问题。

第四章　大学专门用途英语教学模式创新

在全球化的背景下，英语作为国际主要通用语言，需要满足各类人员的需要。在此条件下，专门用途英语（ESP）应运而生，它是一种基于特定行业、特定内容的英语类型。ESP 具有更强的专业性，实用价值比较高，这与我国高校人才培养的目标具有一致性，因此在 ESP 框架结构下，对高校大学英语教学提出了更高的要求。高校传统的大学英语教学模式很难满足高素质人才培养的需要，教学模式的改革成为必然的趋势，并且改革需要以新的思路为指导，以新的模式为创新，将 ESP 全面融入英语教学中来，突出专业性英语人才的培养目标。

第一节　专门用途英语基本概述

一、ESP 的内涵

ESP 是“ English for Specific Purposes”的缩写，即“专门用途英语”或“特殊用途英语”，如旅游英语、外贸英语、财经英语、商务英语、工程英语等。ESP 教学理论是由英美等国的应用语言学者在 20 世纪 60 年代提出的。在当时，世界各国已逐步从第二次世界大战的创伤中恢复过来，全球经济迅猛发展，科学技术日新月异，国际贸易、金融保险、邮电通信、国际旅游、科技交流等全球范围内的交往日益频繁，英语作为国际语言的地位也日益得到加强，成了一种世界性的语言。但因为学习者具有不同的学习目的，这就要求采用不同的教学内容和不同的教学方法，改革传统的概念，确立新的概念，即把英语当作交际工具来教，培养学生在不同的实际环境中运用英语的能力。而随着语言学领域的革命及教育心理学的发展，人们开始强调学习者个人的需求和兴趣，认为学习态度和学习动机对于学习效果有着重要的影响，因而教学的重心应由传统的“教师中心”转向“学生中心”，并最终转向“学习中心”，这些领域的研究成果都为ESP的形成奠定了理论基础。为了满足各类人员学习英语的需要，ESP应运而生，而学英语热的持续升温又导致ESP的迅速发展。

二、专门用途英语的特点

通过对专门用途英语概念的阐述以及分类，可以总结出专门用途英语的几个特点。

专门用途英语是一种教学途径，不是特殊的语言种类，也不是一种产品。它与教学方法、教学技术有本质上的区别，专门用途英语通常是指语言本质和如何进行语言学习的研究。同时，根据特定学习者群体的需求来制定教学教材、教学内容、教学方法和教学技术等。专门用途英语的语言无论是在形式上还是在种类上，教学方法并没有与其他形式截然不同，各个领域之间的语言差异不能否定语言的根本共性。

专门用途英语教学是英语语言教学的一个分支学科，并不是有别于常规语言教学的特殊存在，相反地，专门用途英语教学恰恰正是英语语言教学的一个分支。专门用途英语通常与特定学科领域或者职业有紧密

的关系，是根据学习者的学科需求或者职业需求所设置的英语课程，实用性和针对性较强。另外，专门用途英语教学在原则和教学方式上与一般用途英语教学基本统一，并没有独特的教学方法。专门用途英语与普通英语教学的不同之处就是根据学习者学习需求的不同，进行教学方法和教学内容的转换。由此可见，对学习者的需求分析是一门用途英语教学活动开展的重要部分。

专门用途英语是一个特定的语言范围。部分学者曾统计得出专门用途英语与常规英语的词汇超过半数是重叠的，而且很多科技词汇都是由常规词汇通过构词法派生出来的，专门用途英语与常规英语的语法结构基本保持一致。因此，专门用途英语与常规英语是紧密相连的，专门用途英语不能作为独立于英语语言之外的专门语言，它只是一个特定的语言范围。

专门用途英语是一种多元化的教学理念。对于学习者需求的不同，专门用途英语的教学内容、教学方法也呈现出多样性。鉴于专门用途英语与特定的学科领域、职业领域具有很大的相关性，因此要求专门用途英语的语言知识要涉及大量的专业知识，学习者的需求也表现出不同的特点。在不同国家和不同地区，专门用途英语教学的政策支持、教学重点存在很大差别，这也会使专门用途英语教学内容、教学方法呈现出多元化的趋势。

三、ESP 在我国高校英语教育中的定位研究

在我国高校英语教学改革的大背景下，外语界大批的研究者对我国高校英语教学的方向提出了自己的观点。秦秀白于 2003 的研究认为高校英语教学应该定位在“专用英语”上，并提出了较具体的想法：大学阶段的前两年，学生应该学习“学术英语”，其听、说、读、写诸方面的技能训练都应围绕开展学术活动进行。到了高年级阶段，学生应该结合自己的专业学习更高层次的“学术英语”，相当于国外倡导的“专用学术英

语”。蔡基刚提出我国大学英语教学的发展方向应该是 ESP，而不是外语通识教育。他明确提出外语人文类课程不能也不应成为基础英语后的唯一选修课程，更不能成为大学英语的发展方向，未来大学英语教学的定位应该是 ESP 教学或学术英语。张莉与方悦娴于 2012 年在对国内 ESP 教学发展状况进行研究的基础上，提出 ESP 将是大学英语课程改革的出路并对 ESP 课程在各类型大学的定位提出了自己的想法：就学校而言，普通院校以 EGP（通用英语）为主，ESP 作为辅助或选修；重点大学应逐渐转向不设公共英语课，学生入学后直接接受双语教学。关于 ESP 在我国英语专业教学中的定位，多位研究者如南佐民、陈葵阳等，都表达了类似的观点，即 ESP 是培养复合型英语专业人才的一种有益尝试。孙有中和李莉文则认为无论是英语专业还是大学英语，教学中心都应该及时向专业用途英语做出调整。

关于 ESP 在我国英语教学中的定位，这些研究者基本都认同 ESP 是我国大学英语教学的发展方向。但大部分研究者对 ESP 在我国大学英语中的应用深度还持保守态度，大多认同大学英语要分阶段教学，先是通用英语，再进行专门用途英语的教学。我国普通高校的大学英语教学不应该再有阶段之分，因为现在大部分学校的公共英语课程只有三个学期。在有限的课时内，还要将一门课程进行分割，无法让教学软资源和硬资源得到集中有效的利用，必然使课程效果大打折扣，正如学者蔡基刚对于大学英语教学的观点：“大多数大学都可以用学术英语替代目前的综合英语。不是要取消大学英语，要的是另一种大学英语。”这里的另一种大学英语，称为大学 ESP 课程。

四、国内大学 ESP 课程历史沿革

我国 ESP 课程的历史可以追溯到新中国成立初，当时迫切需要新的科技的支持，需要一大批能够看懂国外科技文献的专业人才。在这样的

时代背景下，1962 年出台了第一份大学英语教学大纲。在此大纲的指导下，大学的英语教学内容以科技英语为主，学生学习英语的目的就是阅读科技文献。这一阶段大学英语就是专门用途英语阅读课程。随着改革开放的到来，我国对英语教学的大纲进行了积极调整，大学英语教学开始慢慢转向听、说、读、写、译能力的全面培养上。大学英语教学基本分两个阶段：基础英语教学阶段和专业英语教学阶段。专业英语教学主要是由学科老师来承担，某种意义上专业英语课程就是专业相关材料阅读课。大学英语教学的主要任务是通用英语，因为专业英语在大部分高校都不属于大学英语教学组的课程任务，而归为各专业学科组。近年来，随着我国外语教学领域与国际接轨的深入，国外语言学的各种流派和各种语言教育的理论、方法不断进入我国英语教学研究者的视野。在应用语言学理论的影响下，ESP 这一语言教学方法在我国大学英语教学改革的过程中越来越受到关注。我国各大高校也开始开设越来越多的不同类别的 ESP 课程。

结合我国部分高校开设英语课程的现状，可以看出虽然许多大学的大学英语教学部系针对非英语专业本科生开设了一些专门用途英语课程，但是大都是学术英语。许多大学各专业部系也开设了自己专门用途英语类课程，主要是专业英语课和双语课程。专业英语课程的开设主要集中在自然科学类学科，经济管理类和法律等专业性较强的学科也有开设专业英语课程。这些专业英语课程的教师大部分都由学科专业教师承担，但名称各异。总体上各大高校开设的专业英语课程均以专业选修课的形式出现，以考查的方式进行测评。而高校开设的专业英语课程中并非每个专业都有，有时甚至在同一个系中某一个专业有专业英语课程，而另一个专业就没有专业英语课程。

除专业英语外，各大高校几乎都在推动全英和双语课程建设，鼓励各专业开设全英和双语课程。就目前的情况来看，全英和双语课程比专业英语课程更受重视。教育部 2009 年起大力推行高校双语课程和 2009

年起推行高校国际化课程。这两种课程都是由学科教师用英语开设的专业课程，不同之处在于后者是全英语性质的。双语课程或全英课程都是以专业知识为载体、英文授课课程，也属于专门用途英语的范围。这些课程均是由专业学科教师授课，大多以必修课的形式出现。

第二节 大学英语教学运用专门用途英语理论的可行性

英语教学的最终目标是使学生实现从学习语言到使用语言的转换，培养学生在特定职业范围内运用这门语言的能力。英语课程不仅应打好语言基础，更要注重培养实际使用语言的技能，特别是使用英语处理日常和涉外业务活动的能力。因此，大学英语的教学必须考虑学生的英语学习需求和用人单位的人才需求，满足不同专业对它的不同要求，为学生提供真正实用的服务。ESP 教学使语言学习服务于专业学习，帮助学生在实际工作中以最快速度直接了解各专业领域的最新发展动态，使学习与实践相互促进。引入 ESP 教学，与相关专业英语教学有机结合起来，这样才能培养出既精通专业，又有较强的外语能力的复合型人才。ESP 教学是社会语言学给语言教育制定的高标准，也是社会实践的基本要求，运用专门用途英语理论指导大学英语教学是可行的。

一、专门用途英语的教学原则符合大学英语教学要求

专门用途英语主要有以学生为中心、真实性、需求分析三大基本教学原则，专门用途英语的这三大教学原则也符合大学英语教学的要求。

1.“以学生为中心”的原则

ESP 具有鲜明的目标性，其学习者多为成年人，且学习时间短，教

学大纲和教材都是建立在学生将来的工作需求基础上的，这些都决定了它的教学过程必须“以学生为中心”。ESP 教学以培养学生的交际能力为目标。教学目标的确定、内容的选择和教学方法的采用，要考虑学生学英语的目的和原因，以他们用英语进行交际的需要和学习需要来决定。哈金森、沃特斯认为虽然强调语言运用可以帮助陈述教学目的，但在 ESP 教学中我们关注的并不是语言的运用，而是语言学习。真正有效和可行的 ESP 教学途径必须建立在充分了解语言学习过程的基础上。这里的“语言学习”指的是能使学生理解和说出规范语言的学习策略和教学方法。强调“语言学”，实际上就是强调开展以学生为中心的各种教学活动。这一点与大学英语教学要求相符合。大学英语教学要改变传统的以教师为中心的方式，在教学大纲和课堂教学等方面都强调以学生为中心，设计多种形式的课堂教学活动，根据不同的课程需求、不同学生的语言水平采用灵活多样的课堂学习任务，让学生“learning by doing”，提高学生的自主学习能力和参与能力，充分调动学生的学习积极性，发挥学生的主观能动性，注重培养学生的语言实践能力及跨文化交际能力。做到让学生学一点、会一点、用一点，提高大学英语教学的效率。

2.“真实性”原则

真实的学习任务是体现 ESP 教学真实性原则的重要组成部分，真实性是 ESP 教学的灵魂。教材内容主要来自专业相关的真实语料，练习设计和课内外教学活动都应体现专用英语的社会文化情景。“真实的语篇”加上“真实的学习任务”才能体现 ESP 教学的特色。真实的材料包括科技杂志的文章、实验报告和产品使用说明等不同体裁的语料。真实性体现在阅读技能的训练，听、说、写等语言技能的训练，以及学习策略和交际策略的培养上。大学英语教学也要求尽量使用和专业相关的真实材料，使学生的学习更有针对性和目的性，以使学生毕业后能尽快适应岗位工作，使大学教学更加具有实用性。高校学生对目标定位的真实任务和真实材料都格外有兴趣，关注度也极大地提高。

3.“需求分析”原则

需求分析是制定 ESP 教学大纲、编写 ESP 教材的基础。在 ESP 教学领域，需求分析包含两方面的内容：一是分析学习者的目标需求，即分析学习者将来必然遇到的交际情景，包括社会文化环境、工作环境，以及特定环境可能给学习者在未来工作中带来的特定心理状态等；二是分析学习者的学习需求，包括学习者缺乏哪些方面的技能和知识，哪些技能和知识应该先学，哪些应该后学，哪些是学习者喜欢的学习方法等。约翰·斯韦尔斯认为：学习需求分析还应包括对教学环境的考察，因为校园或课堂文化氛围、教师队伍状况、教学后勤工作等方面的因素也会直接影响教学需要。高校学生英语水平差距较大，应用能力更是参差不齐，所以大学英语教学强调以“实用为主、够用为度”，从学生的实际需要出发进行教学。根据不同学生的基础，设计、调整好教学层次，突出职业岗位的重点能力，有所侧重，并使学生的听、说、读、写、译各项语言技能协调发展。大学英语教学课时安排非常有限，应结合学生的专业需求，教给学生最迫切需要的、必不可少的语言知识和技能，以最大限度地提高学生在校的学习效率。ESP 以需求分析作为教学的出发点和中心，分析和满足不同学习者的不同需要。通过“用中学，学中用，学用结合”，为高校学生高效地获取职业或专业所要求的语言交流形式提供一种可行的方法，适合高校学生的客观实际。

从以上内容可以看出，ESP 教学体现了语言教学和学习是为行业发展、岗位技能提供服务的，这些都大大提高了学生的学习热情。ESP 的教学原则与大学英语教学所提倡的尊重学生的学习个性和特点、一切以学生的真实需求为本的理念不谋而合，运用专门用途英语理论指导大学英语教学是可行的。

二、专门用途英语的教学理念与未来大学英语培养目标一致

ESP 强调从专业的需求出发，探求一种与英语专业相结合的方式。它以实用为导向，与职业紧密结合，注重学生语用能力的培养。这与现阶段我国大学英语教学强调的培养与职业能力相匹配的英语使用能力这一目标一致。ESP 注重培养学生的交际能力，提高学生使用英语在目标岗位范围内活动的能力，培养能够在特定专业领域或行业领域范围内运用专业语言交际的专门人才。现阶段我国大学英语的培养目标也是培养学生在特定职业范围内运用这门语言的能力。ESP 目标的设置把目标情景分析或需求分析作为教学的出发点和中心，提出与职业或学术领域相适应的英语应用能力，然后整合词汇、语法、教法等教学因素，形成一个针对性特别强、以实用能力训练为中心的教学路径。现阶段大学英语教学以岗位所需英语为基本目标，培养学生在其将来的工作岗位上能够借助英语完成工作任务。由此可见，ESP 为我们提供了实现大学英语教学目标的可借鉴的观念和工具。

三、高校学生具备接受专门用途英语教育的基础

ESP 学习者均为成年人，包括从事各种专业的高级人才、在岗或者正在接受培训的各类人员、在校大学生、中专生或职业中学的在校学生等。他们把英语作为一种手段或工具来学习，以便进一步进行专业学习，或者是把英语作为手段或工具来学习以便有效地完成各项工作。高校学生通过高中阶段的学习已具备了一定的英语语言基础，掌握了一定的语言共核部分，即不论学习对象将来从事何种工作，都必须掌握的语言知识。学生的词汇量、语法知识、文化背景知识和交际技能已经能够帮助其完成一般的交际任务，学生已经具备一定的接受 ESP 训练的能力。在

此基础上开展 ESP 教学，传授高于其现有知识水平的知识，使他们在某专业或职业上实现英语知识和技能专门化，让学生转入学习营销英语、金融英语、机电英语、物流英语等这些他们毕业后最可能从事的工作需要的专业英语，有利于激发学生的学习兴趣。ESP 教学是通用英语教学的扩展和延续，是从基础英语能力的培养向英语应用技能培养的过渡。高校学生通过对专业英语的学习，掌握一定的专业词汇和会话，能阅读与专业相关产品的使用说明、操作指南，熟悉行业英语实用写作规范等，实际上是对其专业能力的加强和补充，对学生终身学习和可持续性发展进行铺垫。

四、高校教师具备专门用途英语教师的潜质

从当前的通用英语教学过渡到标准的 ESP 教学还需要一个过程。专门用途英语教学需要培养的 ESP 教师队伍既要有较高的英语水平，又要有一定的专业知识，是英语教师和专业教师的完美结合。高校教师具备专门用途英语教师的潜质，可以通过对已有的教师资源进行培训，来培养符合 ESP 教学要求的具有综合语言能力的教师。对具备良好的英语基础的英语教师进行专业培训，鼓励年轻的外语教师攻读其他专业的硕士学位，或对英语水平达到一定标准的其他专业的教师进行英语培训，不断壮大双师型教师队伍，使他们成为支撑 ESP 教学的第一代教师。同时，高校英语教师和专业教师加强业务合作，进行跨学科合作教学，弥补彼此的不足，不断提高教师队伍的素质，逐步建立起一支专业知识和英语知识都过硬的 ESP 教师队伍。目前，高校与企业学研结合不断加强，高校英语教师的操作技能和动手能力在这个过程中不断提高，对于学科专业知识、发展趋势和企业岗位实践的深入了解，而加上扎实的语言基础知识，为 ESP 教学打下基础。

高校英语教学应考虑学生的学习需求，将学习基础语言与学习专业

语言结合起来，教学重心需要从 EGP 教学向 ESP 教学方向转移。运用 ESP 理论指导高校英语教学是一次大的革新，也是高校英语教学改革的现实需要。

第三节　专门用途英语理论对高校英语教学的启示

专门用途英语是一个完整的教学体系，它将语言知识与专业知识融合起来。同时它还是一种英语教学的途径，把英语的运用与专业有机地结合起来，充分体现英语的工具目的，符合高校教育的培养目标与客观实际。把 ESP 引入高校英语教学中，使高校英语教育事业建立在科学的理论基础之上，对目前的英语教学是一次重大改革。专门用途英语理论对高校英语教学有以下启示。

一、转变高校英语教学观念

高校英语教学要转变教学观念，明确“英语是解决问题的工具”这一理念，使教学更加实效化和多样化。可以借鉴和引进国内外行之有效的 ESP 教学理论和方法，将 ESP 与我国高校英语教学相融合。围绕培养目标，按照循序渐进的教学规律和高校英语“实用为主，够用为度，应用为目的”的教学原则，将整个教学活动从以往的单“公共基础课”，逐步划分为基础英语、实用英语和专业英语三个阶段进行。在教学中要将学习者看成是目标情境中的语言用户，而不是课堂上单纯的语言学习者。高校英语教学内容与教学活动要与学生未来的目标岗位群相关，为职业服务，让学生体会到英语学习不再是语言知识的积累，而是为今后从事专业领域工作服务，成为解决问题的工具，从而激发学生的学习兴趣和学习动力。

二、高校师资建设要引起政府和高校的重视

高校教师队伍应具备跨学科的知识，对高校教学目标有全面、深刻的认识，从而为高校英语教学改革的顺利进行提供有力保障。合格ESP教师的培养和培训至关重要，然而我国ESP教师教育专业目前存在很大空白，缺乏教师重新进行培训的成熟体系。要想使ESP教学获得可持续性发展，政府和主管部门应该把ESP当作一个新的行业重点投入，根据市场的需求对师资培训结构进行整合，尽快建立相关体系或模式来培养ESP教师。学生的培养和能力建设需要外语和专业学科的共同参与，因此，各高校和研究机构也必须注重加强外语和各学科间的学习与合作。只有先使教师成为复合型的创新人才，才能培养出创新型的学生。

三、形成独立的高校英语教学评估标准

我国高校英语教学没有自己独立的评价标准及评价模式，社会对学生英语水平的评估主要以国家针对普通高校学生通用英语水平测试的四、六级考试为标准，这样会导致学生对以专门用途英语学习为目的的ESP课程不感兴趣。ESP教学的最终目的是要使学生在英语语言方面的能力得到社会的认可，因此要确保ESP在高校英语教学中的应用，科学的ESP教学评估体系的确立要和ESP教学同时进行。加强对ESP的宣传，特别是加深社会、政府、企业对ESP的了解，增加认同感，逐步扩大ESP在社会上的影响力，在高校英语教学体系中建立ESP主导的职业类别的英语水平考试，以取代目前的职称外语考试。让ESP教学在社会上有相当的影响，形成社会对高校英语教学独立的评价标准。

ESP教学是市场需求与高校英语教学的结合点和切入点，高校英语教学

要以学生为中心，提高学生的英语应用能力，使学生从为文凭而学习转变成为提高就业能力而学习。努力把英语学习、信息技术和专业知识三位一体地结合起来，并进行互动式的职业训练，有效地培养高校学生的英语应用能力，从而增强学生的就业竞争力。基于专门用途英语理论的高校英语教学改革是一个浩大的工程，需要各方面的大力扶持、合理规划和制度上的保证，以及政府部门、高校院校和高校英语教师的共同努力。

第四节　基于专门用途英语理论的大学英语教学模式改革实践

当前的社会经济发展在不断推动着高校办学模式的发展，高校英语教学也必须紧跟时代发展的步伐，不断发现和解决英语教学中存在的种种问题，并在实际英语教学活动中逐步加以解决，以求达到高校英语教学的最优化。高校英语教学要为企业服务，培养学生在今后职业岗位的涉外场合使用英语进行基本的语言交际或实际操作，能够通过外语技能更好地发挥专业技能，真正体现学有所用、学以致用的宗旨。专门用途英语教学方法实际上就是一个专业与英语结合的方法体系，可以用它来指导我国新的高校英语教学体系的构建，改进高校英教学。根据学生的专业方向、职业类别，以及岗位中英语的使用情况，在英语听、说、读、写、译诸项能力中，有针对性地进行侧重培养。从实用出发，摒弃复杂的语言理论知识，结合专业培养学生的外语交际能力。根据培养目标和业务范围，使知识、能力和素质协调发展，实现共同提高。谈及的基于专门用途英语理论的高校英语教学改革，主要是针对前文提到的高校英语教学中存在的问题，就如何进行解决或改善进行论述，内容主要分为高校英语教学目标、英语教材、课堂教学、实训、考核方式、师资提高等几大方面。在高校英语教学中，主要进行以下改革。

一、以“需求分析”为基础确定高校英语教学目标

根据 ESP 的以学习为中心的需求分析理论，高校英语课程的开设和教学实施，必须对目标需求和学习需求进行分析，确定高校英语教学目标、内容重点，为学生在目标情境中进行职业交流做准备。目标情境需求的分析本质上就是针对目标情境问题，挖掘出学习过程中不同学习者对目标情境的态度。主要从以下几个方面入手。

第一，目标情境中必需的知识与技能。它是学生将来用英语进行活动的目标情境的客观需求，也就是学生想成功地在目标情境中运用语言所必须获得的知识和技能。以商务英语专业为例，要能有效地在商务领域工作，要求学生掌握英语语言基础知识、运用英语进行商务洽谈、掌握与书写商务函电与合同等相关的词汇，以及在这种情境中常用的语体、语篇结构等，拥有电子制单、在互联网上交易的能力，能进行国际商务谈判，从事涉外商务管理与服务、对外贸易、市场营销等。

第二，学习者在目标情境中用语言工作存在的差距。指学习者当前的语言知识和技能与目标情境中所需的语言知识与技能相比还有哪些差距，学习者还缺乏哪些知识与技能，这些缺乏的知识就是学生要学习的主要内容。根据学生的原有水平和课程对学生的要求来设计课程，有利于把握学习材料的难易程度，开发出适合学生的教材。

第三，学习者自身的需要。学习者对自身需求的看法也不容忽视，学习者的学习目的、学习经历、对英语的态度和文化信息等主观因素是课程设计中一个重要的部分。学习者自身的学习需要有时会与目标情境的需要有冲突，也有可能目标情境的需要并不足以满足学生的需要。在设计课程中始终要以学生为中心，重视学习者自身的需要，提高学习者的动力。

高校英语的教学必须考虑学生的需要，摸清学生的语言基础和知识

水平，熟悉学生的兴趣、爱好和愿望。同时还要了解市场需要，学习者将来在目标岗位上必然遇到的交际情景、岗位环境和应具备的知识与技能。高校英语的教学目标要定位为：贯彻实用为主、够用为度的原则。重视学生基础薄弱的现状，教学中贯穿必要的语言基础知识，将培养目标具体化。以岗位所需英语为基本目标，培养学生在涉外相关工作中的英语听、说、读、写、译综合技能，借助英语培养其目标定位工作的能力。

二、针对学生专业选择编写高校英语教材

教材与教育思想、教学原则、教学方法、学习理论和实践有着直接的关联，是各种教学理论、方法和手段的体现。它也是教与学的重要资源和依托，决定了教与学的基本方法，是教学的关键。随着现代科技的飞速发展，学生对学习材料的需求呈现多样性，职业教育教材的形式也变得丰富多彩起来。为了满足学生的多元需求，进一步激发学生的学习热情，职业教育的教材应当根据岗位对学生英语能力水平提出要求，强化听力和英语教学训练，增强其作为交流工具的实用性。同时，应协调好基础英语教材和专业英语教材之间在内容上的对应关系，强调英语听、说、读、写、译五大技能和专业英语能力的培养，增强英语的实用性，还可以根据实际情况自主开发教材。

英语与专业相结合是指把英语语言知识，如词汇、语法、听说训练和学生所学的专业结合起来，运用英语这一语言工具来为专业服务。高校英语教材应该以实用为原则，把真正反映岗位需求的英语知识传授给学生，为学生进入工作岗位做准备。

按学生专业选择英语教材。教材作为学习输入的主要信息源，对 ESP 教学的成功与否起着决定性的作用。以“需求分析”为基础来选择教材可以减少 ESP 教材选用中存在的随意性和盲目性。对符合需求的教材，

还应进一步分析其“真实性”的含量，确定其是否在目标方面迎合真实的交际需求，在选材方面具有真实的交际内容，在练习方面提供真实的交际环境和真实的交际任务。根据需求分析理论和真实性的原则，高校英语必须服从各个专业不同的教学培养目标和教学要求，围绕高校生在未来实际工作中面临的英语涉外业务和活动进行教学，教材应当结合学生专业进行选择，考虑不同专业的特色和岗位的特点，侧重从各自的职业岗位中选取教学内容。例如，旅游专业毕业生将会经常用到的日常交际用语、景区介绍等，模具、电气专业常见的产品说明书、技术指导、维修指南等，如使学生就业时拥有该岗位所需的英语能力。杜威提倡：“把学习的对象和课题与推动一个有目的的活动联系起来，乃是教育上真正的兴趣理论的最重要定论。”根据专业选择高校英语教材，能避免教学资源的浪费，提高教学效率，保障坚持“实用为主”的教学原则的实施。同时，按专业选择教材充分体现了高校公共英语教学对个性的重视和关怀，让学生感到英语学习与岗位就业的相关性，激发学生学习英语的兴趣。

依据职业岗位能力的要求，设立课程模块选择教材。高校生英语应用能力是专业导向要求的重点。高校英语教师要认识到高校人才培养上的职业性，根据社会对所教专业学生的英语运用能力的实际需求，有选择地使用英语教材，强化学生的英语职业技能。例如，文秘专业的学生在将来的职业定位中，主要是与客户在电话、网络、商务会谈中用口语进行直接交流，因此，要侧重英语听、说能力的训练；而模具专业的学生，更多的是接触有关产品说明书、技术指导、维修指南等书面文字，因此要求着重培养学生业务资料阅读和翻译能力。

课程内容的更新整合与新课程的开发，需要紧密结合社会经济技术的发展，必须对应不同教育对象的教学目标进行。课程结构就是课程的组织与流程，反映教学的框架与进出。例如，旅游英语教学工作，根据培养目标与基本要求设置课程，力求从旅游英语方面来提高学生的英语

水平，并根据旅游专业实践性强的特点，将旅游英语课程设计为两个模块：基础英语模块和旅游英语模块。基础英语模块以必需和够用为度，突出内容的针对性和应用性，注重探索以能力为基础构成的知识体系。国内外旅游英语教材都存在一定的局限性，在教材选择上采取以权威教材为主、有特色的教材为辅，同时充分利用专业网站资源的方法。CCTV9播出的“Travelogue”“Around China”“Chinese Civilization”，网络上很多视听材料如普特英语学习网等都是很好的教学资料，同时，在授课过程中插入中国传统文化的介绍。旅游本身就是最重要的跨文化交流活动，应该充分重视通过多种教学手段，锻炼学生用英语向国外游客介绍中国古老的历史文化和美丽的自然风光。拓宽学生的知识面，培养学生的应用能力、实践能力和创新能力，突出人才培养的实用性、即时性和时代性，适应日益与国际接轨的中国经济发展的要求。

师生、企业共同参与编写教材。为了突出高校教育人才培养的针对性和实用性的特点，高校英语教师可以根据专业课程的特点，用社会调查和职业岗位分析的形式，获取专业岗位所需要的英语知识结构和应用能力要求，有针对性地编写具有本校特色的英语教材和配套辅助教材，自编校本教材应力求适合学生的英语水平和真实需求。在征询专业课老师、资深行业从业人员和已毕业学生意见的基础上，综合考虑职场需要，确定有关专业英语的内容、深度、范围等，剔除高深的理论教学，包含专业目标岗位群中常用的英语知识，增加贴近生活实际的或最新实用的辅助教材，把教学内容延伸到课外。

教师根据专业课程的特点编写教材。教师要阅读一些普及性的专业书籍，并借阅学生的专业教材与笔记，对学生的专业学习有个框架性的了解。向专业教师和相关行业从业人员咨询，了解从事相关行业必须掌握的知识。同时，征求他们对学生 ESP 学习的目标、内容等方面的意见。与已毕业的往届学生沟通，了解工作中最实用的英语知识。关注职场信息，用相关人才招聘在外语素质上的要求来指导 ESP 教学内容与方向。专业要紧密结合市场最新走向，需要教师深入实践一线，收集教学素材，编写切合市场实际的实用性讲义。现在高等院校普遍开始实行“教师下企业”制度，无形之中促进了企业和学校交流的进一步融合，也促进了教材的完善和发展。

企业专业人才参与编写教材。在教材编制的过程中最好能与专业领域的人士合作，可以聘请企业专业人才参与编写英语教材，选择与专业相关的题材，包括目标岗位常用的一些说明书、技术合同、技术图纸，还有企业自编的一些专业词汇表等，都可以用来作为教材。根据企业的实际情况、产业结构和产品结构的调整对教学内容进行增补、更新和完善。提出合理的修改意见和建议，确定学生必须掌握的英语技能，去掉与生产实际不相符合的内容，增补紧密联系实际的先进的知识和技术，使教学内容能灵活地适应新理念，以保证学生学到实用的知识和技能，使培养出的学生更适合其岗位。

学生参与校本教材的开发与应用。学生参与 ESP 校本教材的开发与应用能充分调动学生的自主性，激发学生的责任心，促使学生全程全力参与，从而使 ESP 的学习更具针对性和实用性。教师带领学生进行社会需求和职业岗位调研，分析从事岗位（群）工作所必需的专项能力。同时，鼓励学生参与 ESP 校本教材大纲的确定、教学内容的筛选、校本素材的搜集整理与加工、校本教材的应用与考核等。教师、学生群体、学校资源与校外行业资源之间进行全方位的合作。让学生通过自己平时在专业课程学习、业余兼职、媒体网络或其他途径搜集有关 ESP 方面的材料，尤其是已毕业学生在工作中应用到的产品及技术方面的英语素材。讨论并汇总本专业学习可能的范围与内容。在综合多方信息的基础上，师生共同讨论、确定教材的内容范围，并依据学生专业学习的顺序分出内容章节来。同时，发挥现代信息技术的强大功能，建立公共网页平台，开设电子公告栏，方便其他专业老师、往届毕业生、行业从业人员参与编写教材。带领学生搜集、整理、编辑 ESP 教材的过程是提高英语教师

“专业”业务能力的有效途径。另外，ESP教材的试用过程，也是不断进行完善的过程。在实际教学中，还需不断更新，给更实用的素材随时补充进来留有空间，以替换某些相对落后的内容，使教材的建设处于动态的完善过程中。

三、校内校外实训相结合，提高学生的英语实践运用能力

语言学的研究表明，人的语言能力如果停留在认知的水平上是很容易遗忘的，因为语言能力必须通过语言行为才能得到不断强化和保持。学习者要能使用他学过的语言，并拓展到新的语境中，还要作为一名语言使用者，根据他的需要创造出新的话语。这是英语实践运用能力的重要表现，也是高校英语教学的最终目的。高校教育在突出“应用”教学特色的过程中，强调专业教学要进行实践训练，组织学生经常练技能，到现场实施教学，提高学生的动手能力，实现高校毕业生的高就业率。高校英语教学作为职业技能和素质培养课程，在教学改革过程中也应当改变“重理论、轻实践”的倾向，将校内实训教学与校外实训结合起来。

四、建立科学合理的评价与考核体系

改革高校英语教学效果，提高学生在就业中的适应性，不仅体现在考试分数的高低上，更重要的是体现在学生对实际操作技能的掌握和社会对高校毕业生应用能力的认可程度上。因此，高校英语考核方式应该要特别突出学生对英语知识和技能的应用能力，对高校生学习成绩考核要从单一的卷面测试逐步转向英语应用能力的全面评价上来。实现多元化英语就业能力考评办法，打破传统的以笔试定成绩的局面，强调笔头功夫和嘴上功夫“齐抓共管”，听、说、读、写、译综合考评，使学生更注重语言应用能力的培养，摆脱应试学习模式。英语课程可以借鉴其他

课程的考核形式，如设计形式、实训形式、技能考核等多种考核方式，全面考核学生的综合素质，这样可以真实地反映每一名学生掌握技能的能力和学习效果，对提高教学质量起到推动作用。

1. 针对英语基础知识和应用能力进行考核

目前，高校英语学科考核的主要形式是期末闭卷考试。平时成绩包括学生出勤情况、课堂表现情况、单词听写、平时作业、学生语言能力的评价等。素质教育评价的内容应包括语言知识、语言技能、学习态度、学习策略和学习习惯等多个方面，避免纯知识性的考核。高校英语的考核模式应更为多样，除了期末卷面成绩外，教师更应从平日多角度对学生进行考核。

除了上述提到的基础知识考核外，还应进行应用能力考核。考查学生对英语各项应用能力的学习掌握情况，根据教学进程需要不定期进行专项能力考试。

采用朗读、对话、表演、口译、讨论、竞赛等形式进行考核。可以灵活地穿插在课堂教学过程中进行，随时记分。如听力的测试可以安排在每堂课的前 10 分钟，教师给学生播放一段事先准备好的短文或者对话，学生完成相应的填空或选择题，利用语言学习系统将成绩统计出来，期末时再计算出每人的学期听力平均成绩，按规定比例纳入考核总分。高校学生最重视的口语考核可以分成两部分：课堂参与和期末口试。课堂参与的形式包括回答问题、参与课堂讨论发表自己的观点、朗诵和背诵教师精心挑选的文章段落等。阅读考核除了课本上的内容外，还可以给学生挑选些题材广泛、知识性和趣味性兼顾的泛读文章。写作考核主要以作业的形式进行，教师可以根据课堂教学内容或课外精选的主题让学生进行写作练习，上交批改；还可以鼓励学生自愿写作，如上交英语周记、英语海报、通知、便条、个人简历、广告制作等，根据内容和次数酌情给分。建立学生平时考核档案，由教师核实、存档，作为本门课

程考核的一部分。此外，学生参加的各种校内外英语听说等技能竞赛，按成绩分档次，记入教学考评，期末时将各项应用能力总结起来，按百分比进行期末总评。

2. 结合专业特色和目标岗位需求进行考核

根据学生专业对英语听、说、读、写、译的能力侧重点不同，适当调整对各项应用能力的考核标准，重点提高该定位群中所需的英语技能。英语教师应该经常结合专业特色和岗位要求进行一些专项训练，如选择一些产品说明书、业务信函、广告、器械操作流程说明、场景模拟角色扮演等，来引起学生的重视，更全面地考核学生的英语综合水平。可以采用与专业教师或从业行家合作的方式，让学生在为 ESP 教学检测而设的试题库中随机抽取一份英文材料，并依其进行模拟操作的模式进行考核，将“学、用、考”三者更紧密地结合起来，充分体现高校 ESP 教学的应用性原则。依据考核结果对学生进行奖惩和对英语教学进行相应调整。

在学生实训过程中，企业和学校对学生英语技能和实际操作中的表现要做出各方面的评价，教师在学期总评时，按一定比例归入学生能力考核成绩。可以根据企业岗位的英语能力要求组织考试，对学生进行考核，突出实用性，强调英语应用能力，帮助学生更好地发现自身的不足，促使学生更加努力地学习，增强在没有外部协助的情况下，通过自主学习或团队合作解决预设岗位中实际作业问题的能力，提高学生的就业竞争力。这种校企共同参与培养英语应用能力实践的考核办法，最能体现专门用途英语理论指导下高校英语教学定向性、适应性的特征。其评价结果是高校生就业、上岗前展示英语应用能力水平最有力的说明。

3. 结合英语等级证书和职业英语技能证书进行考核

根据高校教育培养目标，培养学生的实际运用能力是高校英语教学的重点。因此，教师和学生必须适应市场需求，遵循就业导向，按照“实用、够用”的教学标准，处理好等级考试与英语技能学习之间的关系、丰富英语等级考试的对象等。院校普遍把英语应用能力考试三级或 B 级作为主要考核标准，英语应用能力等级证是缺乏社会工作经验的学生说明自身英语技能的最好证明。但是它只能是英语学习的一种考核方式，教师可以将分数作为课程的终结性成绩计入学分。学生如能在完成该课程前取得英语等级证书，证明其英语能力符合社会要求，可以提前结束课程学习。各个行业的职业英语技能证书具有行业的独特性和适应性，是对高校生职业技能和职业能力的鉴定性考试。学生如果就业时持有一份职业英语技能证书会更有专业性和说服力。因此，高校公共英语教学中，学生根据所学专业取得相应的职业英语技能证书，比如通过剑桥商务英语等级考试（BEC）、金融专业英语证书考试（FECT）等，也可视同该课程合格。同时积极鼓励学生继续提高英语听、说、读、写、译应用方面的技能，让英语学习向高层次的方面发展，并对取得的成绩予以奖励。这样能极大地鼓舞学生学习的动力，有助于培养更高层次的英语技能人才。

五、联合学校与企业加强师资力量的建设

高校教育要紧贴社会的需求，因此，高校教师需要不断地学习以适应社会的迅猛发展。高校应每学年抽出一定的时间，建立个性化、终身化的培养体系，对教师进行英语教学改革、教学内容、教学方式、专业英语等方面的培训，针对各个专业，以满足个性化的培训需求，促进每位教师的专业成长，从根本上提高教师的教学水平和教学质量。只有教师的教学理念、教学方法等发生转变，才能够提高课堂的教学质量。高校英语教师既要讲授英语的基础知识、关键点、难点，还要学习专业知识，以适应英语课程改革的需要。只有一专多能的教师，才能培养出一专多能的学生，才能保证教学目的的顺利实现和教学质量的不断提高。

目前高校真正的“双师型”英语专业教师非常缺乏。学历高、职称高、专业知识丰富的又很少会愿意放弃专业从事教育行业，高校可以采取以下两种办法来加强高校英语师资力量。

1. 大力培养双师型教师

高校英语教师必须首先把自身“工学结合”起来，掌握专业知识，积累专业从业经验，才能使该专业实现工学结合，让学生领略到工学结合的魅力和重要性。这就要求原来的英语教师要深入生产第一线，熟悉某一专业（如国际贸易、旅游、数控、机械等专业）的生产现场和作业流程，最大限度地提高自身的实践技能，以适应高校应用型技术人才培养目标对教师的要求。外语系要充分依靠自己的力量，利用他方的资源，建立适合本系的复合型人才培养要求的师资队伍。就地取材、创造条件对现有的教师进行培训，选拔一批语言基本功扎实、工作认真负责的英语教师，或派出进修学习，或到各个专业跟班听课，鼓励教师考取职业资格证书等，提高专业英语教师的“双师”素质，培养一批具有一定专业知识的英语教师。多层次的培训，对教师提高学历，更新知识，提高专业理论水平、业务能力起着重要作用。如经贸专业的英语教师，他们承担着外经贸英语函电、外经贸应用文写作、外经贸业务洽谈等课程，并利用网络资源，将有关学科的最新信息下载、编辑，制成讲义，丰富课程内容，呈现出教学共相长、师生同进步的态势。

还可以校企“联姻”，创建实践、实习基地，挂靠企业落实实践环节教学。让教师有机会到企业参观、实践，参与企业的经营管理等。同时，还组织有关教师下厂参观考察，到企业见习、顶岗锻炼。学校应积极鼓励教师去企业挂职锻炼，承担科研项目，参与技术革新与改造，同时积极鼓励教师参加教学改革和教材编写等工作，以多种形式和手段促使教师提高业务和教学水平。教师在带队实习和参与企业的科研攻关等活动中可以及时发现学校教育中的偏差，从而调整课程设置和教学安排以适应用人单位的需要。比如组织教师参观公司或企业，使教师能和企业管理人员交流，相互学习，了解企业实际情况，有利于进行实践教学。

2. 积极引进企业优秀人才

在招聘富有实践经验的专职英语教师的同时，从企业、涉外行业聘用兼职英语教师也是一个改善高校英语教师队伍构成的重要举措。积极引进、聘请专家、学者和具有丰富经验的企业家当兼职教师或到企业中聘请高级商务人员和管理人员担当学校的客座讲师、教授，以解决高校教育教师队伍的紧缺问题。可以聘请知名企业高层管理人员来学院讲课，此外，因为行业竞争的加剧，许多具有良好英语应用才能的企业界人士面临着重新择业的局面，高等院校对于他们来说具有很大的吸引力。高校可以从行业引进英语水平高、有工作经验的人才加入高校英语教师队伍，以改变目前教师的知识结构、学历结构，彻底纠正重理论、轻实践的错误倾向。

第五章　大学英语“产出导向法”教学模式创新

第一节　“产出导向法”基本概述

“产出导向法”源于文秋芳教授 2008 年的“输出驱动假设”。“输出驱动假设”的提出是为了推动英语教学改革，提高学生的说、写、译等语言输出技能。2015 年，经过多年的探索和论证，文秋芳教授通过《构建“产出导向法”理论体系》一文进一步完善了“输出驱动假设”，明确这种教学方法称为“产出导向法”（POA），构建了完整的教学体系。市场调研发现，职场对语言输出活动的需求远远高于语言输入。文秋芳于 2015 年在“输出驱动－输入促成假设”的基础上提出“产出导向法”，强调输出既是语言学习的动力又是其目标，而输入是促成输出任务完成的手段。外语学习不同于其他的技能学习，外语学习需要真实情境，借助大量练习从而将被动语言知识转化为主动知识与技能，再转化为用语言做事的能力。基于“产出导向”的外语学习环境，给学生提供更多表达与阐释的机会，有利于提高学生的学习积极性和内驱力，从而提升学习效果。

一、产出导向法理论基础

（一）教学理论

1. 学习中心说

“以学生为中心”的理念大约在20世纪末21世纪初被引入我国外语教学界（如黄月圆、顾曰国）。当时这一理念的引入对打破长期统治我国外语教学的“教师中心说”，纠正忽视学生需求、只顾教材进度的“满堂灌”起到了非常积极的推动作用。但“以学生为中心”理念的表述很容易引起误导，一方面易于将教师在课堂上的作用边缘化；另一方面又不适当地扩大了学生的作用。尽管教师被赋予促学者、帮助者、咨询者等多种新头衔，但他们最重要的职责并未得到合理彰显；学生却被认为是教学目标、内容和教学进度的决定者、课堂话语的主导者，似乎教师只要为学生提供小组互动的机会，学生通过互动，就能构建和掌握新知识。至于每节课的教学目标是否达成、学生在课堂上的学习效率等，反而不是教学关注的重点。目前这一理念在西方也遭到部分学者的批评。从本质上说，“以学生为中心”的理念未厘清学校教育与社会学习的本质区别。学校教育是一种有计划、有组织、有领导且讲究效率的教育形式。无论是教学内容还是评估方式，都不可能完全由个别学生的兴趣或需求来决定。与“以学生为中心”的理念相区别，20世纪80年代我国“教学论”权威王策三提出了“教师主导、学生主体”的原则（“双主”原则）。王策三认为，教师接受过专门教育训练，受党和国家的委托，他们能把控教学的方向、内容和方法。与此同时，学生的主体作用也不能否定，因为“学”必须是学生独立自主的行为，教师无法包办替代。“学习中心说”主张教学必须要实现教学目标和促成有效学习的发生，因此POA认为该原则比“双主”原则更简洁明了，更准确地反映了学校教育的本质。课

堂上的活动可以有多种形式：教师讲授、小组讨论、个体展示、小组展示等，不同的形式服务于不同的教学目标，关键在于教师要选择实现教学目标的最佳形式。

教师教学主要在课堂上进行，而课堂教学时间极其有限，特别是在当前大学外语教学的课时被压缩的前提下，教师更要惜时如金，将时间都用到学生的有效学习上。从这个角度出发，POA 在设计每一个教学环节或任务时，首要关注的是学生能学到什么，而不是简单地观察谁在课堂上说话、谁在发挥主导作用。POA 提倡的“学习中心说”主张课堂教学的一切活动都要服务于有效学习的发生，挑战的是目前国内外流行的“以学生为中心”的理念。

2. 学用一体说

POA 主张边学边用、学中用、用中学、学用结合。换句话说，POA 提倡输入性学习和产出性运用紧密结合，两者之间有机联动，无明显时间间隔。POA 不反对使用教材，事实上无论何种科目的学校教育都要依托于教材。然而如何用好教材取得良好的教学效果，这是问题的核心所在。目前在我国外语教学中，教学一般从教材中的课文整体入手，引导学生了解文章结构及其传递的主要信息，新课文的教学环节有“热身”、快速阅读、分析文章结构、梳理主题思想、分析语言难点和赏析写作技巧等。在课堂上，师生或生生互动频繁，但这种互动很少为学生提供连贯表达语言的机会。课文串讲结束后，逐一完成课文后面的多种练习。这种教学方式的突出弱点是，教师误把教课文作为课堂教学的目标，而不是作为培养学生综合运用英语能力的工具。如此做法，输入与输出就有一段较长的时间差。特别是在目前课堂教学时间有限的情况下，不少教师反映，教材内容刚刚处理完，有的还来不及教完，就要进入新单元的学习，根本无法腾出时间培养学生的产出能力。其结果是，学生虽然积累了不少接受性知识，或者称之为惰性知识，但这些知识不能自动转化为产出能力，进而用于日常交际。POA 提倡的“学用一体说”主张在课堂教学中，一切语言教学活动都与运用紧密相连，做到“学”与“用”之间无边界、“学”与“用”融为一体。学生不再单单学习课文，而是以课文为手段来学习用英语完成产出任务。目前大学英语的教学质量受到全社会的关注，不少人抱怨学了 10 多年英语，还是开不了口。如果采用“学用一体说”，无论英语水平高还是低的学生，都应该能用英语做事，其差别不在于能不能做，而只是做事的复杂程度不同。从这个意义上说，大学外语教学中就不会出现“哑巴英语”。在 POA 倡导的“学用一体说”中，“学”指的是输入性学习，包括听和读；“用”指的是“产出”，包括说、写与口笔译。该假设针对的是“教材中心”“课文至上”及教学实践中出现的“学用分离”弊端。

3. 全人教育说

教育要为人的全面发展服务，就需要顾及人的智力、情感与道德等各个方面。具体而言，外语课程不仅要实现提高学生英语综合运用能力的工具性目标，而且要达成高等教育的人文性目标，如提高学生的思辨能力、自主学习能力和综合文化素养等。长期以来外语课程是否要坚持“全人教育说”一直是个有争议的问题。有学者认为，外语课程的工具性目标应该占主导地位，例如，蔡基刚认为“大学英语主要不是一门素质教育课程，提高学生人文素质修养不应成为大学英语教学的主要目的”。当然更多的学者赞成工具性与人文性目标并重的看法，主张全人教育。需要强调的是，POA 虽然坚持“全人教育说”，但这并不意味着人文性目标的实现需要占用额外的课堂教学时间。事实上，只要教师认同“全人教育说”，他们即使不占用课堂时间，也能通过下列三种手段实现人文性目标。第一，认真选择产出任务的话题。POA 认为有利于人文性目标实现的话题可分为两大类：有利于学生树立正确的世界观、人生观和价值观；有利于培养学生中外文明沟通互鉴和传播中国文化的能力。换句话

说，一类话题围绕的是如何促进学生个人健康成长；另一类话题围绕的是如何使学生担负起推动中外文化交流的社会责任。第二，精心选择为产出任务服务的输入材料。教师一方面挑选思想境界高、弘扬正能量的语言材料，用于陶冶学生的情操，帮助建立正确的思想价值体系；另一方面挑选反映国内外社会和政治热点话题的语言材料，用于培养学生的家国情怀，拓宽学生的国际视野。第三，巧妙设计教学活动的组织形式。例如教师可以通过小组活动培养学生的互助合作精神，也可以通过学生互相评价产出成果来提高学生客观评价他人优缺点的能力。POA 认为语言教育面对的是人。人是有情感、有思想的高级动物。我们不能将教育对象视为流水线上的产品或听任摆弄的机器人。

（二）教学假设

1. 输出驱动假设

克拉申的输入假设将输入视为二语习得的决定性条件。“输出驱动”主张产出既是语言学习的驱动力，又是语言学习的目标。产出比输入性学习更能激发学生的学习欲望和学习热情，更能取得好的学习效果。换句话说，教学中以产出任务作为教学起点，学生尝试性完成产出任务后，一方面能够意识到产出任务对提高文化素养、完成学业和改进未来工作的交际价值；另一方面能够认识到自己语言能力的不足，增强学习的紧迫感。该假设相信，一旦学生明确了产出任务的意义和自身的不足后，会更积极主动地为完成产出任务而进行输入性学习，以弥补自己的不足。克拉申的输入假设忽略了输出的作用；斯维因的输出假设在认可输入作用的前提下，补充说明了输出不可或缺的四大功能：强化语言的流利度；验证语言假设；提高对语言缺口的意识程度；培养元语言能力。然而她未明确提出在不同阶段，学习要以输出来驱动输入的学习。隆早期的互动假设强调互动可以提供输入的可理解性，后期修订过的互动假设补充说明了在活动过程中纠正性反馈有利于学习者习得正确的语言形式，但他也未揭示输出对输入的反作用。输出驱动假设借鉴了前人对输入和输出在二语习得中作用的阐述，所不同的是，颠覆了“先输入，后输出”的常规教学顺序。取而代之的是“输出—输入—输出”。

2. 输入促成假设

经过多次观察大学英语教学的课堂，发现有些教师遵循“学生中心教学法”，首先给学生布置一项产出任务，然后组织对子或小组讨论，或在全班开展“头脑风暴”，在集思广益的基础上再进行产出任务的练习。这些教师相信学生通过积极参与知识构建的过程，能够互相学习、取长补短。输入促成假设提出，在输出驱动的条件下，适时提供能够促成产出的恰当输入，与不提供的相比，前者能够取得更好的学习效果。这样的方式确实能够激活学生已有的知识和语言点，增强运用语言的流利性，在一定程度上也能从其他学生身上获得新知识点或新语言点，但如此学习的效率受到明显限制，因为学生之间的差异毕竟有一定的限度，同时这种学习好比日常生活中的自然学习，需要学习者有高度的自我学习意识。如果在学生互动交流的基础上，教师又能够提供恰当的输入材料，这些材料就能起到“专家引领”的作用，有效拓展学生现有的知识与语言体系，将产出水平推向一个新高度。

3. 选择性学习假设

根据心理学理论，无论是课堂学习还是日常学习，成功学习者总是从接触到的多种信息中选择重要信息进行处理、记忆，而不是不加区分地进行全面深度加工。这个道理其实很简单，人在同一个时段的注意力和记忆力总是有限的。如果焦点不集中，有限资源分散在多个焦点上，学习有效性自然不会高。“选择性学习”指的是根据产出需要，从输入材料中挑选出有用的部分进行深度加工、练习和记忆。该假设认为选择性学习比非选择性学习更能优化学习效果。传统的“精读”教学模式属于非选择性学习，即将课文中出现的所有语言现象不加选择地进行加工，

期待学生掌握课文中的一切新知识。这种学习方式在特定环境中具有一定价值。例如，在我国 20 世纪 90 年代以前外语输入极其贫乏的时期，采用这种“精读”学习能够最大限度地发挥有限输入的作用。但现在学习外语的条件有了很大改善，特别是英语，输入几乎无处不在。只要想学，随时随地都能找到大量材料。在面对大量学习项目而课堂教学时间又非常有限时，学生必须进行选择性学习。此外，选择性学习假设也具有社会“真实性”。在实际生活中，人们经常在产出任务的驱动下去寻找输入材料，如撰写论文、准备会议发言稿等都需要寻找大量参考文献。人们在面对多种参考材料时，总是择其有用部分为自己服务。如果采用非选择性学习，从头到尾仔细加工，必然费时耗力，且收效不高。

第二节　信息化环境下“产出导向法”教学模式探索

探究信息技术和大学英语教学有效整合的教学模式是信息化大学英语教学的核心，尤其是将信息化教学与 POA 相融合。大学英语课堂教学优化研究是大学英语教学改革中一个亟待解决的热点问题，它直接关系着教改的成功与否。信息化环境下科学有效的个性化学习方法和教学方法是大学英语课堂教学优化的重要内容，是提高大学英语教学质量和效果、提高我国大学英语教学实效的根本保证。目前比较有效的模式是传统教学与信息技术有机整合的模式。因为英语学习是一个复杂的认知过程，学生在学习过程中要有足够的时间和机会进行思考、感悟和体验。传统教学中有许多做法是值得肯定的，如要求学生动笔听写或记笔记，有人说写一遍胜过背十遍，这样的传统是不能丢的。只有那些传统手段无法呈现的部分用信息技术来呈现才会取得意想不到的教学效果。教师课前要做大量的准备，结合教学内容精选材料，易化教材，课上根据学

生的水平进行演示，但必须解决好使用信息技术的量和度的问题，否则将事倍功半。当今社会，教育信息化已成为衡量教育现代化的一个重要指标。2010 年，美国颁布了《国家教育技术规划 2010》，题为“变革美国教育：以技术赋能学习”。规划中明确提出了以学习者为中心、以技术为支撑的教育思想，强调所有相关的课程资源、技术、人员等必须围绕学习者和学习活动展开。而我国的《大学英语教学大纲》也明确指出要大力推进教育信息化进程，把教育信息化纳入国家战略——教育信息化已经成为全世界各国教育发展的目标。

根据外语教学的学科特点，信息化大学英语教学改革是促进大学英语教学质量提高的重要机遇。然而，信息技术与大学英语课程的融合并不等于完全排斥传统的教师课堂讲授，外语教学信息化的推进必须关注教师主导、学生主体作用的实现。王守仁认为，“把网络信息技术与外语教学课程整合，建立起适合外语教学的网络生态环境，有助于改进课程教学，提高教学质量。这个领域还有工作要做，需要大家继续实践和探索”。

从语言交际能力培养目标角度来看，我国英语教学长期存在“费时低效”的问题，大学英语课堂教学更是如此。随着课程整合的广泛开展，教师、专家、学者围绕基于计算机和网络的大学英语教学模式的实施进行了广泛的实验、研究与讨论。然而，绝大多数的研究都是围绕如何推行基于计算机网络的大学英语教学模式，对于“教改模式”是否切实可行、大学英语教学改革是否取得预期效果关注较少。对于学习理念和学习策略培养的学习者教育更没有足够重视，人们更多关注的是学习内容的传授，在很多情况下“以学习者为中心”还仅仅是一个口号。计算机网络进入外语教育领域，必然使传统的教学模式、课程体系、教材等教学要素发生变化，导致教学理念、教学价值判断、评价标准的变化。因此，分析课程与信息技术整合过程中产生的不利因素、寻找构建大学英语课堂生态系统平衡的优化策略对外语教学非常重要。

生态系统是指在一定的空间和时间范围内，在各种生物之间，以及生物群落与其无机环境之间，通过能量流动和物质循环而相互作用的一个统一整体，它是生物与环境之间进行能量转换和物质循环的基本功能单位。根据教育生态学理论，整个外语教学体系就是一种在一定空间内各要素与环境构成的自然开放的大的生态系统，在大学英语教学生态系统中，各种教学要素在生存过程中相互作用、相互依存。信息技术辅助大学英语教学具有交互性、集成性、丰富性、非线性、诊断性、超媒体性、多媒体化、智能化、情境化、虚拟化等特点。网络环境下大学英语教学生态系统和传统的大学英语教学生态系统相比有其不可比拟的优势，但是在信息技术与大学英语教学整合的过程中，一些不协调因素导致大学英语教学生态系统的失衡。探讨大学英语课堂教学生态的特征和功能，解决大学英语课堂教学生态系统宏观及微观层面上出现的各种生态危机，特别是平衡课堂教学生态系统中出现的失调现象，使大学英语课堂教学生态系统中各要素拥有特定合理的动态生态位，相互间达成和谐，是构建动态平衡的大学英语课堂教学生态系统的关键。

构建信息化教学模式已经是大数据时代高校教学展开的基础。2012年，联合国发布大数据白皮书，明确提出大数据时代已经到来；国务院2015年8月印发《促进大数据发展行动纲要》的通知提出：“探索发挥大数据对变革教育方式、促进教育公平、提升教育质量的支撑作用。”近年来信息化教学模式研究已逐渐引起关注，“互联网+”被上升到国家战略层面，将其纳入2015年《政府工作报告》中，随后学术研究者探讨“互联网+教育”。新媒体联盟与美国高校教育信息化协会联合发布的《2015 地平线报告高等教育版》阐述未来五年极有可能影响高等教育变革的棘手挑战是教育模式的竞争，此问题尚需更多数据分析和观点归纳来解决，这正是大数据急于解决的问题。大数据时代对人才的需求发生了深刻的变化，即未来的学习者应该是能够善于利用技术进行终身学习的创新型人才，而现存教学模式很难满足创新型人才培养的需求，故需变革和重构现有的信息化教学模式。通过分析国内外高等教育信息化发展脉络和演进轨迹发现，大数据时代的高等教育已经从强调平台即服务、软件即服务转向强调数据即服务的新范式。翻转课堂、MOOC（慕课）和微课程的兴起形成了海量的数据。如何有效利用大数据技术促进信息技术与教育教学的深度融合成为重要议题，即构建基于大数据的信息化教学模式具有积极的理论和现实意义。

传统教学模式可谓根深蒂固，传统教学主要依据奥苏贝尔的“学与教”理论，其内容涵盖“有意义接受学习”理论、“先行组织者”教学策略，以及“动机”理论。教师按照自己的思路讲课，完成教学任务，学生处于被动接受的状态，缺少有效教学策略激发学生的学习兴趣，导致学生丧失了获取知识的能力和创新能力。虽然传统教学效果快而明显，且易于教学开展，但是教学目标单一。目前高校由于教育资源限制，人才的培养同质化现象严重。传统教学有教师的监督、情感交流，按照培养方法完成相应教学活动，但在一定程度上限制了学生创新能力的培养。而且以教师为中心的教学结构固定化，学习结果的评价标准模式化。高校信息化教学未能真正体现以学习者为中心，教学服务意识较差，应对不了学生群体的适应性需求，未能对个性化自主学习提供支持。传统教育评价的主体是教师，主要考核学生对知识的掌握程度，一般以学科知识考试的形式来进行，主要关注学习结果的评价，即学习结果的评价机制单一化现象严重，评价内容、评价方式单调，缺乏个性、多元和弹性，或者只能收集到片面的评价信息，缺乏可靠的判断依据而过于依赖经验判断或者主观评价。

而且信息化学习环境的质量及其可用性均有待改善。由于硬件、软件和管理维护问题，高校建设的实验教学中心和自主学习中心对学生学业的贡献度并不高，形成了“高科技、低效率”的尴尬局面。随着近期开放教育资源 MOOC 大量激增，清华大学推出国内首个可获得证书认证的慕课项目，杭州师范大学已开展慕课学分互认。慕课拥有了巨大的注

册量，但课程完成率在5%～10%。在信息化教学模式中，教师不是学生学习的唯一信息源。在信息获取的过程中，教师的主要作用不是直接提供信息，而是培养学生自己获取知识的能力，指导他们的学习探索活动。教师也不再像过去那样直接以知识权威的身份出现，而是要激发学生的学习动机，引导他们在精心设计的环境中进行探索，提高解决问题的能力。教师从传统课堂教学中的主讲者转变为组织者、指导者、帮助者和促进者，而不是说教者，改变了以教师讲授和课堂灌输为基础的劳动强度大、效率低的传统教学模式。因此，教师必须掌握较为丰富的现代教育技术基本知识与基本技能，培养信息素养，提高在一定的信息环境中，利用一定的信息技术解决工作、生活、学习中问题的能力。根据媒体的特点选择与应用不同类型的媒体，构建最有利于学生学习的教育资源平台。

由于POA特别重视对学生产出效果的评价，此时，老师就要在信息化环境下发挥导向作用。信息化教学，就要求要以大数据的眼光来分析研究教学方式，如何在信息化教学中实施POA。从大数据思维的角度来看，数据即信息，信息即知识的来源。数据需要产生、积累、存储、挖掘、分析、运用、转换等，其过程是数据、信息、知识的转换和价值的转换，结合大数据在教育领域的应用现状，进一步剖析教育大数据的演变过程。原始的教育数据只是教育大数据的基础，通过对采集到的各种数据进行教育数据挖掘，构建高校信息化教学分析智慧模式，发现教育变量之间的关系，赋予数据相关知识意义，才能使数据变为信息；经过分析和综合，形成教育性知识；最后通过实践应用，教育性知识才能上升到智慧层次，为教学研究与教学决策提供指导。

2015年9月，教育部办公厅颁发《关于“十三五”期间全面深入推进教育信息化工作的指导意见》，根据文件中规定的“十三五”教育信息化的基本原则，将大数据时代高校信息化教学模式改革的价值取向定位于数据驱动式教学，进而助推教学信息化、学习个性化、教学决策科学化、教学管理精细化。依据信息化教学模式的构成要素，采用大数据技术支持的数据处理过程，该高校信息化教学模式架构共阐释了三个问题：一是“大数据从何而来”，从各级教育大数据中来；二是“大数据如何而用”，采用大数据处理技术来分析；三是“大数据为何而用”，为完善信息化教学模式而用。

根据“数据是灵魂资产、分析和挖掘是手段、发现和预测是最终目标”的指导思想，按照基于大数据的高校信息化教学模式架构，总结高校信息化教学模式的实施路径，四者之间相互联系、互为补充。

目前，信息化教学与POA的融合在大学英语教学中尚属于新视角，其落地生根是复杂的系统工程，需要国家、高校及教师都树立正确的大数据理念，推动信息化教学模式展开。一是从国家层面，根据对各层教育大数据的分析，按照大数据发展战略，制定相关的具体实施政策；二是学校的教育管理人员通过数据分析，判断哪些教育项目有利于提升学生的学习效果，从而进一步推广；三是培养教师“数据驱动教学”和“教学数字化”的理念，要求革新教育理念，构建基于大数据的人才培养目标。依据联通主义理念，将章节学习内容以知识图谱可视化方式呈现给学生，实现对知识的有效组织。

《国家中长期教育改革和发展规划纲要（2010—2020年）》指出：“强化信息技术应用，提高教师应用信息技术的水平，更新教学观念，改进教学方法，提高教学效果。”教师是数据驱动教学的发起者和组织者，优秀教师是高等教育的宝贵资源，具备一定的数据挖掘基础知识是新常态下高校教师必备功课。

大数据时代的教师应根据国家政策，按照学校要求，积极感知学习者需求，培养自身的信息检索能力、知识推理能力和特定知识聚合能力。教师自身仍需丰富知识储备，包括本体性知识、条件性知识与实践性知识，一般情况下将教师的信息化教学能力归于实践性知识范畴。高校应通过构建教师共同体的方式，积极开展教师培训，教授教师如何在复杂

数据中寻找具有教学价值的内容。教师在信息化教学环境中，既要进行信息化教学实践，更应当具备数据分析能力，以适应大数据时代所带来的教育变革。教师作为学生和信息知识之间的主要媒介，需要适应大数据时代的要求，由“传道授业解惑者”转为“教学相长的引导者”。从此，在专业理论教学中，占据较少的课堂时间，鼓励学生借助各种网络资源，以任务驱动方式，采取翻转课堂的教学形式，将实践教学环节和工作岗位教育理念融入课堂教学中，以理论知识、实践教学、工作岗位实践为体，这是大数据时代培养学生的重点。通过利用云计算整合教育资源，教师将工作重点转移到教学方法上，积极利用分组协作的方式，学生通过名师的教学视频学知识、学思维方式、学问题解决方法，为构建学习型社会打下坚实基础。

利用大规模在线开放课程，构建信息化学习环境，保证数据来源的真实性。将传统集体授课与慕课相结合，充分发挥慕课作用，对学生的学习内容、学习进程进行监控，记录学生的学习内容和学习行为。针对不同的学生个体，制订详细的课程教学计划，使学生按照适合自己的学习步骤进行学习，满足不同学生的需要，最大限度地提高学生的能力。

按照布鲁姆的学习目标分类理论，学习需求分为概念层次、理解层次和综合层次。在慕课学习环境下，当学习者处于初学阶段，提供基础性的、概要性的、结构良好的知识。随着学习者的不断深入，对各层次知识进行分类和聚类，寻找关联规则并做可视化处理。然后将具有相同兴趣爱好的人在学习社区中发动起来，促进学习者的知识进化与价值增值。

改造现有学校课程教学系统。数字资源具有零复制成本特性，即建成后的数字资源，享用的人越多，数字资源的价值越彰显，而且可在不增加投入的情况下自动发挥增值效应。完善现有的学校课程教学系统，增加名师教学视频，网络测试题库系统等，规范化地记录学生学习信息。充分利用国内主流慕课平台。学堂在线与中国大学慕课平台等都推出了多门优质课程，其授课教师来自国内一流高校，充分利用国内重点高校的教学视频资源，实现跨校的学习交互，从而促进学习者的自主建构知识体系。按照学校的要求，联合企业共同研发符合教学实际的课程教学系统。实施以学生为中心的教学结构，开展个性化教育。大数据改善学习的三大核心要素是反馈、个性化和概率预测。信息技术促使信息化学习环境的剧变引发学习方式变革，激发学习者新的信息需求。学习者的学习活动演变成了高度协作的社会建构活动，学习者需求逐渐由过去的被动接受过渡到定制式的个性化服务。慕课与翻转课堂能够实现个性化学习构建，根据学生的笔记、作业、实验、讨论记录等，包括结果性数据和过程性数据，监测个体学习轨迹和过程，用这些数据分析出更多、更精确的数据，可为个性化学习提供坚实的支撑。提供配套信息服务，开展个性化学习资源推送和学习路径导航。信息服务是以信息资源为基础，利用各种方法或技术手段对信息进行收集、整理，使用并提供相关信息产品和服务的一种活动。大数据环境下的学习过程不再遵循传统的学习活动序列，学习内容也不固定在指定的教材，信息服务方式也需朝着个性化服务方向转化。随着各类学习资源的大量激增，需将海量学习资源有效聚合、转移和流通。信息化教学模式的展开必须具备一定的环境条件。一是要有实施多媒体教学的媒体设备，包括计算机、投影仪与音频设备等。二是要具有运行稳定的校园网络，目前各个高校都已实现光纤接入，能保障高清视频的流畅播放，使学生能够随时上网学习。三是计算机、平板电脑及手机能完成视频课程的学习。四是如何在海量教学资源中，找到适合学习者的学习资料。有两种解决方案，一种是“人找资源”的主动搜索；另一种是“资源找人”的信息推送。将海量学习资源有效聚合、转移和流通，从教育数据中挖掘出能满足其需求的学习资源，为其提供自适应、个性化的信息资源推送服务。信息化教学模式对教学资源的准备、丰富程度和质量要求高。信息化教学模式的教学效果与信息化教学资源的丰富性、多样性、质量有关。因此，教学管理部

门要将教师在现代化教学上的责、权、利统一起来，以推进现代化教育进程。要制定一系列的政策与措施对教师的个人教学资源库与教学网站进行立项，并提供一定的经费给教师进行建设和维护，并在优秀教师的评选上、教学成果评定上、职称评定上等给予政策上的倾斜，逐步形成一个网上资源大家建、大家管、大家用、大家评的良好局面。

第三节　信息化教学模式与“产出导向法”教学理念的契合

在信息化教学模式与“产出导向法”教学理念的契合方面，可以看一下 POA 的理论体系，如图 5-1 所示。

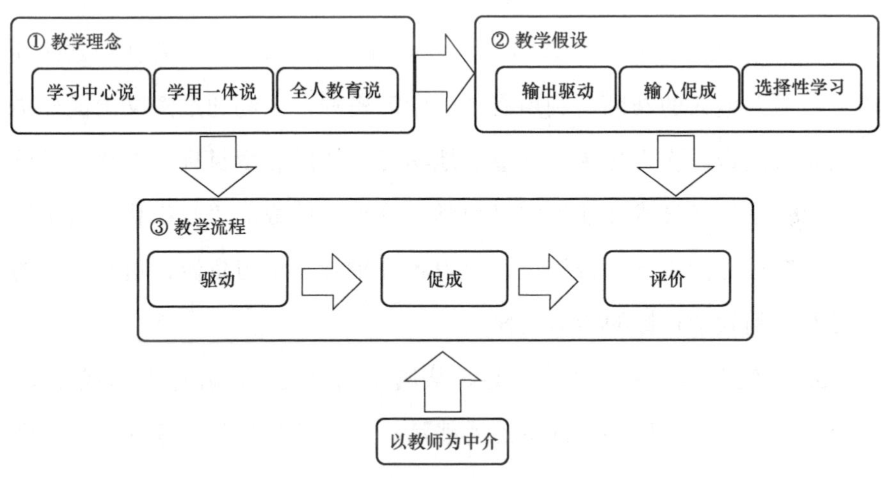

图 5-1　POA 的理论体系

图 5-1 说明了 POA 理论体系的三个部分及其关系。“产出导向法”即 POA 的教学理念，之前谈到过，就不再赘述，这里主要探讨一下信息化教学模式与 POA 的契合。

信息化教学模式是一种符合现代教学思想的新型教学模式，是根据现代化教学环境中信息的传递方式和学生对知识信息加工的心理过程，充分利用现代教育技术手段的支持，构建一个良好的教学平台，调动尽可能多的教学媒体、信息资源开展教学活动，在教师的组织和指导下，充分发挥学生的主动性、积极性、创造性，使学生能够真正成为知识信息的主动建构者，达到良好的教学效果。其教学理念的变化主要表现如下。

1. 教学目的的核心由“掌握知识、传授技能”到“学会学习、学会生存”。人在数字化社会中如何学会把握网络中的海量信息，成为信息社会的主体而不是网络的附庸，这是人所面临的新挑战。进一步说，就是人在信息社会中如何利用资源、如何生存的问题，并且还是终身的、无时无刻的。因此，“学会学习、学会生存”成为网络时代教育教学的基本任务之一。

2. 教学过程的理念由“被动接受、支配学习”到“自主建构、创造学习”。在学习过程中，强调学生是信息加工的主体，学习者在一定的环境下，借助他人的帮助，利用有效的学习资源，主动通过意义上的建构方式获得知识，实现自主、创造性地学习，达成教学目标。网络教学就是在以网络信息技术和建构主义教学理论整合而成的“数字化”教学环境中，在教师的引导和帮助下，获得各种指导和学习资源，进行有效的学习而达到教学目标的活动过程。

3. 师生关系的主线由“主导、从属”到“交互、协作”。教学活动是由教师和学生共同参与的双边实践活动，在信息化教学模式下，教师和学生的地位和相互关系发生了较大变化，师生之间的自主、实时交互，以及信息的即时交流大大增多，教师与学生比较容易形成“一对一”“一对多”或“多对一”的双向互动。在这种双方有计划、有目的、主动性的交互过程中，师生之间很容易沟通和达成共识，也能够相互信任，形成和谐合作的教学关系实现教学目标。从教学过程来说，教师和学生之间由单向传授向双向传授转变。

4. 课程的中心由“封闭单一、资源局限”到“开发资源、共享资源”。

在信息化教学模式中，尤其是在网络教学环境下，传统的教学内容结构受到强大冲击，那种封闭性、单一性和脱离实际的课程体系将被开放、综合、发展的课程体系所取代，由过去以课堂教学内容、教师的经验，以及学生的接受和理解为主的课程，转变为一种具有开放性和共享性教学资源为主的课程。这种课程的特点有以下几个。一是开放性。教学资源面向网上所有师生，师生不仅有使用的权利，更重要的是有了参与教学资源开发、不断提高资源质量的义务和责任，成为教学资源建设的重要生力军。二是教学内容呈现形式的非线性。众多不同形式的资源可以从不同的途径获取，教学内容具有结构化、动态化、形象化的特点，这种呈现方式给不同知识间的融合、学科间的交叉和整合带来了很大的便利。三是课程的拓展性。整合了现代教育技术的课堂不再局限于知识的传授，而是特别注重学生个体的感知和体验在课程发展中的作用，鼓励学生的探索和创造，课程的组织不再囿于学科界限，而且在教学过程中，还可以根据教学的需要随时调整。

5. 教学环境的主旨要坚持“师生为本，学为中心”。信息化教学是一种先进的技术与教育相结合的产物，在这种教学环境建设中要更加注意对人的关怀，防止使人变成技术的奴隶而失去人性，从而也失去教育教学的本质性。因此，在网络教学环境建设中应坚持人本主义思想，注意加强人文氛围的营造，在数字化的空间里构造良好的人际环境。

它具有如下几种特点。

（1）信息源丰富、知识量大、有利于情境的创设。现代教育技术手段为课堂教学所提供的教学环境，使得课堂上信息的来源变得丰富多彩，教师和课本不再是唯一的信息源，多媒体的运用不仅能够扩大知识信息的含量，还可以充分调动学生的多种感官，为学生提供一个良好的学习情境。

（2）有利于提高学生学习的主动性、积极性。现代教育技术手段的加入尤其是多媒体计算机和网络的加入，教师的主要作用不再是提供信息，而是培养学生获取知识的能力，指导学生的学习、探索活动，让学生主动思考、主动探索、主动发现，从而形成一种拥有新的教学活动进程的稳定结构形式。在整个进程中，教学媒体有时作为辅助教学的教具，有时作为学生自主学习的认知工具，教材既是教师向学生传递的内容，也是学生主动建构的对象。可见，这样有利于提高学生学习的主动性和积极性。

（3）个别化教学，有利于因材施教。计算机的交互性为学生提供了个别化学习的可能，学习可以通过多媒体技术完整呈现学习内容与过程，自主选择学习内容的难易、进度，并随时与教师、同学进行交互。在现代教育技术手段所构造的教学环境下，学生可逐步摆脱传统的教师中心模式，学生由传统的被迫学习变为独立的主动学习，在学习过程中包含更多的主动获取知识、处理信息、促进发展的成分，有利于因材施教。

（4）互助互动，培养协作式学习。计算机网络特性有利于实现培养合作精神，并促进高级认知能力发展的协作式学习。在网络的帮助下，学习者通过互相协同、互相竞争或分角色扮演等多种不同形式来参加学习，这对于问题的深化理解和知识的掌握运用很有好处，而且对高级认知能力的发展、合作精神的培养和良好人际关系的形成也有明显的促进作用。

（5）有利于培养创新精神和信息能力的发展。多媒体的超文本特性与网络特性的结合，为培养学生的信息获取、信息分析与信息加工能力营造了理想的环境。众所周知，互联网是世界上最大的知识库、资源库，它拥有最丰富的信息资源，而且这些知识库和资源库都是按照符合人类联想思维的超文本结构组织起来的，因而特别适合学生进行“自主发现、自主探索”式的学习，这样就为学生发散性思维、创造性思维发展和创新能力的孕育提供了肥沃的土壤。其建构原则如下。

明确以学生为中心。包括在学习过程中充分发挥学生的主动性和创造性，让学生有各种机会在不同的情境下去应用他们所学的知识；让学

生能根据自身行动的反馈信息，来形成对客观事物的认识和解决实际问题的方案。强调情境对信息化教学的重要作用。学习总是与一定的社会文化背景相联系。在实际情况下进行学习，可以使学生利用自己原有认知结构中的有关经验，去赋予新知识以某种意义。强调协作学习的关键作用。协作学习环境及学习者与周围环境的交互作用，对于学习内容的理解起着关键性作用。通过这样的协作学习，学习者群体的思维与智慧就可以被整个群体共享。强调对学习环境的设计。学习环境是学习者可以在其中进行自由探索和自主学习的场所，它意味着学习者有更多的主动与自由。

配有基于先进教育思想的校园网的学校在教学模式上将有一次大突破：教学活动的四要素——教师、学生、媒体和教学内容之间的关系将发生变化，学生的主体地位将大大强化，教师主要是学生学习的指导者；教学过程中采用的多媒体、网络技术，既丰富了教学资源，又激发了学生的学习兴趣，还提高了教学质量；学习将越来越成为学生主动追寻的乐趣，教学也将越来越是一种多姿多彩的人类活动方式。

信息化教学模式的类型之前提到过，总的来说可以分为四种。

（1）讲授型模式。在以往的教学过程中，最普遍、最常用的教学模式是以教师为主，教师讲、学生听的单向“灌输”的传统讲授型模式。装备了信息化设施的学校对传统讲授型模式的突破在于：首先是教学手段的改变，不再像以前那样以教材、黑板、粉笔为手段，在课堂教学过程中，教师讲授的材料通常是通过多媒体、校园网提供和呈现的，包括文本、声音、图像，甚至还有一些视频内容；其次是这些手段的应用极大地丰富和增强了教学内容的表现力和感染力，能充分传达教学意图；最后是可以随时调用组合的文本、图像、声音动画，使教师进行真正以学生为中心的情景式教学具备了实现条件。可见，信息化为讲授型模式赋予了新的内容。

（2）个别辅导模式。顾名思义，个别辅导只有在学生完成自主学习

之后进行，否则，既无“辅”的前提，也无“导”的基础。传统的教参、教材等教与学工具难以自由、单独地帮助学生完成自主的学习过程，更谈不上进行辅导。信息技术则给学生一个集成化的学习环境，如多媒体学习系统、辅助学习工具、实践环境、师生交互环境等，使学生完全有条件并且能够完成自主学习的全过程，而后教师根据学生的不同要求进行个别辅导。这里的个别辅导与传统意义上的个别辅导存在着质的区别。传统的个别辅导是教师在讲授之后，对于个别学生没有听懂的问题的一种指导；新的个别辅导是在实行以学生为中心的教学过程中，为了满足个性化、交互式学习要求，教师通过 CA 软件或师生 E-mail 在学生自行建构知识的意义中实行的一种引导。

（3）讨论与探索模式。讨论模式是古已有之的，只不过传统的讨论模式也是作为一种辅助的教学方式，而且由教师以权威者的角色组织，问题由教师提出，学生利用从教师与书本资料获得有关讨论的知识信息，往往得出教师暗示、预设或直接指出的统一结论，很难达到讨论的真正目的。信息化校园则可以为学生提供形式多样、内容丰富、大容量、交互性的供讨论便捷使用的学习资源。虽然教师的权威在其中有所削弱，但有利于学生根据讨论主题的需要，从充裕的资源库中自由取用信息；有助于在教师的引导下，通过讨论实现教师和每位学生的思想和智慧为群体所共享；有益于整个讨论群体共同完成对所涉及问题的意义建构，从而更符合学生的认知发展规律。探索模式同样不是教学领域的新概念，只是传统的探索模式仅仅针对少数“精英”“尖子”或以“画饼充饥”的方式向全体学生述说一种观念上的可能性。而具有不言而喻优势的基于信息技术的学习资源，则为所有学生进行探索学习提供了现实的可行性。它既确保每一个学生能快速、平等地获取所需信息，又为教师节省了以前用于传授知识的时间、精力。

（4）合作模式。合作模式是指教师通过计算机网络和多媒体等教学信息技术向学生提供不同序列的学习内容，多个学生对同一专题展开彼

此交流、互动和协作，达到对教学内容比较深刻的理解和全面的把握，从而使学生的智能得到发展。可以肯定地说，现代教学信息技术在教学过程中将催生伙伴式、角色扮演式、竞争式、协作式等类型的合作模式。伙伴式。现实的学习生活中，学生常常喜欢与自己的同学一道做作业，没有问题时单独进行，遇到问题时便相互讨论，从同学那里得到帮助。然而有时由于相约的同学有事或课后回家空间太小等时空限制，这种有效的方式不能成行。但校园网中的同伴学习软件系统弥补了可能的缺憾，它使学生无论在何时何地的学习过程中都不再感到孤独，而有一位“伙伴”与之相互支持，一旦出现问题，随时可以讨论。角色扮演式。计算机、多媒体向学生提供的各种各样情景和信息资源，以及人机交互条件，可以使学生逼真地模拟各种角色，增进实际经验，加深对问题的理解。竞争式。借助计算机网络，教师向两个或多个学生提供同一学习内容或学习情景，学生在网上进行竞争式学习，比赛谁先达到教学目标的要求。由于与竞争自然伴随的学习动力，促使学生全身心地投入到学习过程中去，终将收到良好效果。协作式。现有的校园网络技术允许在校园网上设置专供交流和协作的协同学习系统与“公共工作区”，在学生共同完成某个学习项目时，人人发挥各自的认知特点，相互争论、相互提示、相互启发或分工合作，在所有参与者紧密沟通、协调合作的过程中，形成对知识较为完美的理解、领悟和掌握。

通过比较，可以发现在大数据时代，信息化教学模式与 POA 的教学理念是可以完美融合的，新型教学理念搭配新型教学模式才是新时代的大势所趋，不仅与时俱进，而且更加适应社会发展、教学进步。

但有些问题也是值得注意与警醒的，任何一个新生事物的出现都会带来一些难以抵抗的问题，这种师生合作机制也是如此。

随着教育信息化的发展，基于计算机和网络的课堂教学，以及基于网络的学生自主学习已成为大学英语教学的重要组成部分。同时这也改变了师生双方的角色、形象、地位，造成了师生对话合作机制的失衡。

师生之间的教学活动功利化，学生在课堂之外随时随地都可以学习英语，在课外、课内与英语教师的交流只不过是为了获得学分。教师权威受到挑战，教学资源的极大充实与便利对大学英语教师提出了额外的技术要求，削弱了外语教师存在的传统地位。为适应信息化发展而采取的大班英语授课制，混合专业的选课制，以及信息技术本身的虚拟性加剧了外语教学中师生之间、生生之间的情感疏离。这种不协调的机制严重影响了大学英语课堂的教学质量，阻碍了大学英语课堂信息化改革的发展与深化。

失衡原因如下。

（1）教师教学理念、信息素养落后于信息技术的发展。在外语教学信息化改革的过程中，很多教师没有转变教学理念，提升信息素养，信息化语境下的自身角色定位不准确。在外语课堂去教师中心化的过程中，有的教师过分放大了学生的主体地位，没有积极发挥教师引导者的作用，结果造成本身外语自主学习能力差的学生在学习中毫无目标、自由涣散，跟不上进度。有的教师对于外语教育信息化的理解片面，他们认为外语教学信息化就是信息技术与语言教材的简单相加，没有去研究信息化语境下的外语教学应该采取的教学模式及教学方法。在自身的教学中，课件取代了教材，上课主要就是教师讲授课件内容，这与传统的以教师为中心的教学模式无异。还有的教师过于依赖信息技术。为了充分利用网络资源，把各种信息填进自己的课堂，学生根本无法消化；或者为追求课堂的趣味性，过多地使用多媒体影音、图像，耽误上课正常进度，分散学生的注意力，导致过犹不及的教学效果。部分英语教师信息技术的应用能力不强，在信息技术面前，表现出自信心不足，不愿意去接触和学习新的信息技术，有时甚至逃避使用等。教师教学理念、信息素养滞后与信息化的要求构成了矛盾，进而严重影响了师生对话合作机制的平衡发展。

（2）学生学习理念、网络学习能力落后于信息技术的发展。基于信

息化的大学英语教学改革目标是培养具有较高听、说能力的应用型人才，强调听说教学以及学生的自主学习。然而学生刚刚进入大学，习惯了传统的教师课堂讲解的形式，没能及时改变传统的学习方式，接受新的教学理念，适应新的教学模式，自主学习能力缺失等。调查显示，部分学生外语学习目标功利化，学英语只是为了考个证，以便于将来就业，对于教师所提倡的口语教学，网络自主学习根本不认同，甚至持抵触的态度。大部分大学生的外语自主学习意识不强，学习动机水平不高，自我效能感差，面对海量的网上资源，无从选择。部分学生在外语教师提倡的以学生为中心的教学模式中感到迷茫，更感兴趣的是玩游戏、网上聊天、看与上课无关的视频。英语学习效果差，这种失败的体验不断加重学生的焦虑感，反过来又影响着英语学习效果，严重影响了师生之间的良性互动。

（3）大学英语教学条件落后于信息技术的发展。基于信息化的大学英语改革自推行以来，很多学校都认识到了计算机网络的教学优势，大学英语课堂教学基本实现了多媒体化，建立了语言实验室、校园网、学校电台、机房，有的学校还应用了第三方语言学习平台，学校硬件环境有一定改善。但是计算机硬件配置、网络条件和教学资源等教学配套设施都还不足以支持大规模的外语教学活动。学生自主学习的教学资源或者是纸质教材的重复、难易度、设计不适合网络自主学习的模式等。而且大多数学校的语言实验室因为各种原因只供英语专业的学生使用。而第三方学习平台能够自动记录学生网上自主学习的过程信息，但是需要教师时刻监测统计，耗时、耗力。这让本来教学任务就很繁重的大学英语教师懈怠。缺乏技术的准入途径，是影响师生对话合作机制平衡发展的一个外部障碍。

为了克服这些问题，可以采取一些措施，例如，提高师生信息素养。师生信息技术素养是决定基于信息化的大学英语教学改革能否取得成功的关键因素之一。一方面，师生应明了信息化是外语教学的必然趋势，积极主动地学习信息技术知识，提升自己的信息技术应用能力。另一方面学校教学管理层应加大教师信息技术能力成长方面的投入，创造机会让大学英语教师接受信息化技术培训，而不是大学英语教师自己去摸索，这样只会让教学科研任务繁重的大学英语教师懈怠，可以制定公开透明的信息化教学激励政策，对于教学时间之外的网络教学、网络管理和网络交互的工作量进行奖励，鼓励广大教师充分利用信息技术进行教学和管理，以此增强广大教师使用信息技术的主动性、积极性和自信心。另外，应对学生开设专门的课程进行专门培训，或通过任课教师的引导，让学生了解信息化学习的趋势、怎样进行信息化学习，以及如何甄别信息资源等问题。此外教师可以制定相应的评价机制、监督机制和奖励机制来进一步引导和规范学生的信息化学习行为。

转换教师角色。在信息化语境下，随着以教师为中心的课堂逐步演变为以学生为中心的课堂，师生对话合作机制的良性互动需要大学英语教师主动转变自身的角色。从课堂主导者转变成为课堂引导者、设计者、整合者、协调者、监管者、合作者、评估者、反思者。根据教学目标，进行教学设计，思考网络环境下具体的教学内容、教学过程、教学组织形式、教学方法和教学评估，对网络环境下的各种良莠不齐的英语教学资源去伪存真、有效整合，建立信息化大学英语学习资源库；利用信息化的优势，采用师生问答、角色扮演、小组讨论、辩论、演讲等方式，设计和组织任务型、交际型、合作型、情境型课堂，与学生一起合作完成一些课堂教学任务，鼓励学生进行体验式学习；同时对学生的学习活动要有效监管，强化网络自主学习管理；研究信息化语境下的外语学习策略，指导学生多采用积极的学习策略，有意识地降低学生的语言学习焦虑，在潜移默化中激发学生的学习动机；此外，对自己的教学活动及学生的学习效果要有过程性评估，坚持以鼓励为主的原则，随时反思教与学的不足，调整教学。大学英语教师不仅要正确认识到学生在实际教学活动中的主体地位，也要尊重学生的不同个性与创造性，营造师生之

间平等友好的关系，促进师生之间的良性互动，以取得最佳英语学习效果。

提高学生自主学习能力。信息化语境下外语教学中的学生不再只是知识的被动接受者，而是信息的加工者、知识的探索者、体验者和变动构建者。学生必须提高被动学习的意识，积极调整自己的语言学习观，培养自我规划的能力和习惯、自我控制的能力和习惯、自我评估的能力与习惯，主动参与各种课堂活动和网络自主学习，主动与教师、他人合作完成学习任务，主动融入信息化的大学英语课堂。提高自身网络自主学习能力，利用网络的优势，主动和教师建立平等和谐的师生关系；在外语学习过程中学会换位思考，只有做到了尊重和理解师生关系才会得到良好的发展。在与教师的交往互动中真正地提升自己的主体性。师生合作是外语教学活动中最基本也最重要的组成部分。只有提高师生信息素养，转换教师角色，学生自身定位正确，才是构建和谐互动的师生对话合作机制的关键，才能有效提高英语课堂的教学效果。

合作学习有其优点，但它也与自主学习在某种程度上相矛盾，要把握好当中的“度”。自主学习和合作学习能够结合应用，是因为它们拥有共同的理论基础，主要包括建构主义心理学和人本主义心理学。二者都特别强调以学习者为中心的学习理念，人本主义侧重学习者的情感和意愿，而建构主义强调学习过程的主体地位。自主与合作学习，在学习过程中，充分调动、激发学习者主动性，培养学习者主动建构知识、理解概念和原理、解决问题矛盾的能力。合作学习还包括了群体动力理论、动机理论等。因此，合作学习的过程又是通过人际间的协作关系，互相帮助，达成共同的学习目的。要在合作学习团队中发挥积极作用，达到团队的共同目标，为整个团队负责，合作学习同样要求学习者拥有主动学习的态度，对自我及团队的学习负责，并具有良好的独立学习能力。从这点上来说，合作学习积极地促进学习者的自主学习。从自主学习的基本内容来看，自主学习者在发挥主体能动性的同时，离不开其他客体

的帮助，其中就包括来自同伴的支持。来自同伴的力量不仅限于同伴的关心与鼓励，与同伴的协作与交流更是“支持”的一种重要形式。正如数学家李特尔伍德所言，自主学习并不是“独自地”“孤立地”学习，它兼具“个体性”和“社会性”特征。社会性可理解为在学习过程中与他人的交流、协商和合作，它们是发展学习者自主学习能力的重要因素。因此，合作学习又是培养自主学习能力有益的补充。

第四节　基于“产出导向法”的 ESP 教学设计及实践

一、教学设计

POA 的教学流程涵盖三个阶段：驱动，促成，评价。这三个阶段都必须以教师为中介。这里的中介作用具体表现为引领、设计、支架作用等。

1. 驱动

“驱动”包括三个环节：教师呈现交际场景，学生尝试产出，教师说明教学目标和产出任务。传统外语教学开始一个新单元时，通常由教师组织“热身”“导入”活动，以激发学生学习新课文的兴趣或者激活学生已有的背景知识。不管采用何种形式，目的都是更好地学习课文。从这个意义上说，这样的“热身”活动都是为后面学习课文做铺垫，或者说是为更好地接受输入做准备，而不是激发产出的欲望。与传统教学方法不同，POA 将产出的“驱动”置于新单元的开头。

POA 试图在新单元学习之前，就明确向学生呈现他们在未来学习和工作中可能碰到的交际场景和讨论的话题。第一个环节“教师呈现交际

场景”是 POA 最具创意的部分。这些场景学生虽未经历过，但他们能够真实感受到这些情景存在的“可能性”及在这些场景中所要讨论的话题对其认知的挑战性。第二个环节“学生尝试产出”，让学生亲身体验到，完成这样看似简单、平常的产出任务并非易事，日后可能因此而出现尴尬或陷入窘境。此时他们内心会产生一种学习的压力和动力。这就是教师有意在为学生制造“饥饿状态”。第三个环节是“教师说明教学目标和产出任务”。教学目标分为两类。第一类为交际目标，即能完成何种交际任务；第二类为语言目标，即需要掌握哪些单词、短语或语法知识。与以往课文教学不同的是，所列出的语言目标一定要能为交际目标服务。凡是输入材料中与本单元交际目标无关的新单词、短语或语法形式均不列在语言目标中。这就是前面提到的对“选择性学习”的要求。按照完成任务的时间，产出任务分为课内和课外两类，课内指的是与输入学习同步进行的产出练习，课外指的是教师要求学生课下完成的产出练习。按照难度，课外任务又分为复习性和迁移性两种。所谓复习性任务就是期待学生连贯熟练地完成课堂中分步练习的子任务，所谓迁移性任务就是要求学生运用课堂中练习过的能力完成的新任务。鉴于目前移动技术的普及，产出“驱动”这一环节可以拍成视频或者微课，让学生在课前学习。课上教师只需要检查学生对视频、教学目标和产出任务的理解情况即可。这样可以腾出更多时间进入第二个阶段。对于实施 POA 的教师来说，这个环节最具挑战性，因为教师不能像传统教学一样，只围绕课文设计教学流程。POA 要求教师确定恰当的产出目标和与之相匹配的产出任务，还要求围绕目标和任务设计“产出”场景，用于激发学生学习输入的动力。即便将来出版社编写了适合 POA 的教材，教师仍旧要根据自己所教学生的外语水平，对教材中提供的产出情景难易度进行适当调整，并根据学生外语水平的差异，提供有区别性的产出任务，供不同水平的学生进行选择，充分发挥学生的潜能。

2. 促成

“促成”包含三个主要环节：教师描述产出任务，学生进行选择性学习，教师给予指导并检查，学生练习产出，教师给予指导并检查。

为了降低产出任务的难度，同时为了缩小产出与输入学习之间的距离，教师常常会将一项大的产出任务分解为若干项子任务。POA 引导学生从输入中选择什么呢？成功完成一项产出任务，至少需要内容、语言形式和用语言表达内容的话语结构。根据选择性学习的原则，每个时段的教学要有重点。POA 通常从内容开始。有些产出任务，如果没有输入材料的帮助，即便要求有些学生用中文回答，他们也未必说得清楚。第二步将重点放在语言表达形式的学习上，其中包括能够为产出任务服务的单词、短语和句型。第三步是从输入中提取产出任务所需要的话语结构。

教师在引导学生对输入材料进行处理时，学生无论是选择了内容、语言形式还是话语结构，对于选择的结果是否恰当，教师都需要给予即时检查，以便了解学生选择性学习的成效。输入促成的第三个环节是“产出练习与检查”。产出任务的完成不能采用“放羊式”，让学生在课内开展对子或小组练习后无检查。按照 POA 的教学要求，“产出练习”要在教师的指导下循序渐进地进行。练习结束时，要立即进行评估了解学生是否具备完成产出任务的能力。在“促成”中，教师的脚手架作用最为明显。一方面教师要在充分了解学情的基础上，决定提供帮助的程度。根据社会文化理论，“谁来做脚手架”“提供脚手架的方式”都要符合学生的外语水平。提供的帮助过多，不利于培养学生的学习自主性；提供的帮助不足，学习效率受限。因此，教师要有意识地逐步降低自己的脚手架作用，同时逐步提高学生的学习责任感。以“谁来做脚手架”为例。在实施 POA 开始阶段，学生不熟悉如何从输入中提取有用材料为产出服务，教师就要更多地承担脚手架的功能。一旦一些高水平学生掌握了选

择性学习的方法，就可以让他们来承担这个功能。再如，为产出任务寻找恰当的输入材料。开头阶段，教师承担主要责任，但随着学生熟悉了 POA 的教学理念、教学假设和教学流程以后，教师就要鼓励学生自己寻找合适材料对教材中材料加以补充，或者要求他们自己寻找全新的输入材料。同时，POA 建议采用学生或教师模仿学生完成的优秀作品作为提取话语结构的输入材料，因为英语本族语者撰写的文章或者口头发言材料一般比较长，学生不易模仿。这里还需要强调的是，学生提取的话语结构仅作为起步阶段的帮助，此后，POA 应该鼓励学生运用富有个性特征的自我表达结构。

3. 评价

POA 产出的“评价”可以分为即时和延时两种。即时评价指的是“促成”两个环节中的“检查”部分，即在学生进行选择性学习和产出任务练习的过程中，教师对学生的学习效果给予的评价。这种即时评价能够帮助教师适时调整教学节奏，掌控教学进度。延时评价指的是学生根据教师的要求，经过课外练习后，再将练习的成果提交给教师评价。本节主要讨论延时评价。延时评价的产出结果有两类：复习性产出，迁移性产出。在“促成”阶段，学生分步练习了产出子任务；课后教师要求学生连贯地完成整个产出任务，并在下一节课上展示，这就是复习性产出。教师也可以要求一些高水平学生完成具有相似性的新任务，这就是迁移性产出。产出的呈现形式可以是说、写、口译、笔译和编译，具体采用何种形式可允许学生根据自己未来就业的需要进行选择。由于课堂教学时间非常宝贵，POA 认为不适宜在课上检查所有学生的产出成果，因此这里又区分为课内与课外评价两种。第一项任务是学习评价标准。POA 强调标准的构建需要师生共同参与，务必取得共识。不同的产出成果有着不同的评价标准。教师可以结合具体的产出任务和样本分别讨论说、写、译的评价标准。标准要表述清楚，便于学生理解，同时也要有利于他们对照检查自己执行的情况。第二项任务是提交产出成果。教师要事先向学生说明提交成果的最后期限和提交形式，建议以书面形式发给每个学生，这样不易导致学生误解或遗忘。

针对性和区别性的评价是学生特别期待的反馈。与此同时，要事先设计有效方法，确保听众与展示者共同受益。如果课堂上评价的是书面产出成果，最好采取师生合作评价的方式。具体做法是，教师课前精心批改所要讨论的作文。课堂上，教师先将未批改的原文发给学生评价，再给出自己的修改方式，然后与学生共同讨论修改的理由。这样的合作评价方式通常能够取得更好地学习效果。其他未参与课内评价的同学一定要在网上提交产出成果，师生共同给予评价。对于需要在课堂上评价的口头产出成果，教师一定要事先了解学生展示的内容，并做好评价准备。教师的评价不能大而化之、大同小异。对延时评价任务的选择与布置，教师除了要考虑与教学目标和所学输入的关联度外，还要考虑学生的学习负担。虽然产出任务有助于综合运用外语能力的培养，但当多门课程的产出任务集中在同一时段时，学生就可能疲于应付，得不到应有效果。教师最好在开学初就向学生公布整体评价计划，并征求学生意见。学生一学期要完成多项产出任务，POA 主张将学生完成的所有产出任务及其评价形成档案，这样既可以让学生亲身体验自己一学期取得的进步，又可以作为学生本学期形成性评价的依据。

二、ESP 教学实践

传统外语教学模式通常由“热身”或“导入”开始一个新单元的教学活动，这样做的目的是激发学生学习本单元的兴趣和激活他们已掌握的关于新单元的知识。而产出导向法用“驱动”的做法开始新单元的学习，教师先向学生呈现一个未来学习中可能出现的交际场景或者话题，学生可以真实感受到这些场景和话题的必要性和挑战性。接着由学生尝

试着完成这些场景或者话题，让他们亲身感受到学习的压力和动力。最后由老师说明本单元的教学目标和产出目标。驱动步骤对于英语教师来说颇具挑战性，就中医英语而言，教师应当根据学生实际学习专业知识的情况，给他们提供日常医护工作中常见的交际场景，并把交际任务设计得难度适当，既能激起学生学习的兴趣，又能使他们体会到自身知识的缺乏，为后来的“促成”步骤打下基石。在“促成”阶段，教师必须扮演好脚手架的角色。教师必须对产出任务进行描述解释，帮助学生理解完成任务的步骤和进一步的具体要求。然后教师给学生提供相关资料，让他们进行选择性学习，并适当给予指导，帮助他们从输入中选择完成产出任务需要的内容、语言形式和话语结构。然后指导学生联系产出，检查他们的学习结果。教师必须注意自己在学生学习过程中起到的作用，提供的帮助太多，不利于学生培养自主学习能力；帮助不够，则影响学习效率。同时，教师还应当注意逐步提高学生的学习责任感。教师还需要对学生的任务完成情况和学习情况进行评价，教师可以积极将学生纳入评价过程中，和学生一起学习评价标准，然后让学生提交成果并对其进行课上和课后的评价。

下面以“刮痧”这一部分的中医英语课文为例，来具体说明产出导向法在中医英语教学中的应用。具体做法如下。

在教学开始的最初，以情景表演的形式呈现任务：根据影片《刮痧》中的情节，以小组为单位组成模拟法庭或听证会，组员分别扮演法庭法官、原被告、律师、证人等角色，为美籍华人许大同做辩护。为使产出任务聚焦，使“产品”可测可量，选取影片中的文化冲突点作为模拟法庭场景，刮痧：治疗还是虐待？学生分成 4 组，每组 4～5 人，以抓阄的方式确定本组表演情景。就语言使用而言，此任务涉及文化点的介绍、台词改写和法庭角色扮演等；就认知和交际技能而言，此任务涉及文化差别意识、跨文化交际知识和策略、法庭话语和辩论技巧，任务有一定的复杂性。因此，教师在设计教学流程时，将这一大任务分解成三个层次的子任务，帮助学生逐步达到目标。一是鉴别。能辨识影片中的文化差异，认识文化冲突表象下的思维习惯、价值观念、信仰等的差异，能分析导致文化冲突的主客观原因。二是解释。当发生冲突时，能使用恰当的交际策略介绍或解释本土文化。三是辩护。在模拟听证会或法庭上，利用证人、证词为自己的文化辩护。

课堂教学过程遵循产出导向法的三个基本流程：驱动、促成和评价。

1. 驱动

本环节的目的在于设计具有潜在交际价值的任务、激发学生学习的积极性，是产出导向法的起点。在布置模拟法庭（或听证会）任务前，教师以文化的概念和文化“冰山模型”为起点，引导学生设想其未来生活和学业中进行跨文化交际的可能性，以及作为法学专业学生在未来的职业生涯中处理涉外案件、遭遇文化冲突的可能性。接着，通过几个真实的诉讼案例，如美籍华人曹显庆因替患有尿道炎的八岁女儿涂药和换衣服，被指控性侵儿童，并因此家破人亡的案例，让学生意识到文化差异可能带来的严重后果。随后，教师通过两个问题向学生发起挑战：如果你是文化冲突的受害者，你是否可以为你的文化辩护？如果你是律师，你是否可以为你的当事人洗刷莫须有的罪名？问题提出后，教师请两名学生尝试为案例中的被告做辩护。让学生对任务进行初步尝试，可以为学生“创造饥饿感”，激发学习的热情。最后，教师布置本单元的产出任务，即借助影片《刮痧》情节，以小组为单位，进行模拟法庭角色扮演，为涉嫌“虐童”而被起诉的美籍华人做辩护。之所以采用影片情节而非真实案例，是因为影片作为音视频资料、剧本作为书面材料，可以为教学提供丰富的语言素材，便于学生学习。

2. 促成

教师在预测任务难度和复杂度后，将模拟法庭情景表演任务分解为三个子任务，本环节针对这三个子任务，在促成环节，教师须充分发挥

中介作用，指导学生围绕输出任务，选取合适的输入材料进行有选择的学习，促成任务的完成。三个子任务按分步骤促成。

子任务 1：探析文化冲突背后的深层原因。

这一子任务作为输入的起点，通过识别文化冲突点讨论如何跨越交际障碍等课堂活动，唤起学生的跨文化交际意识，为大任务的完成做准备。教师课前要求学生观看影片，寻找文化冲突点，识别文化差异。在课堂上，教师要求学生口头展示文化冲突点，引导学生对这些冲突的深层原因展开讨论，比较中美两国不同的价值取向，并引导学生探讨在文化多样性的背景下如何跨越交际障碍。教师要求学生以电影的主人公为例，讨论作为文化差异的受害者许大同，是否对自己的悲剧负有责任，让学生认识到必要的文化知识、积极的态度和适当的交际技巧是跨越交际障碍的关键。

子任务 2：解释中医“刮痧”文化。

要完成法庭辩论的大任务，必须具备介绍本土文化的能力。这一子任务聚焦于文化点“刮痧”，这是普通的中医疗法，但影片中的美国人对此知之甚少。如何用西方人能理解的方式来介绍这个文化点，是摆在影片中美籍华人面前的难题，也是中国学生的难题。因此，为学生选取合适的输入材料填补空缺，促成输出任务的完成，很有必要。针对刮痧这一文化现象，教师截取了影片中的两个片段，分别是许大同和中医理疗师对刮痧的介绍，引导学生学习语言的同时，对比两个语篇的交际功能，学习跨文化交际技巧。之后，教师提供几篇中医英语阅读材料，系统介绍刮痧的由来、简单的医学原理以及西方医学界人士对刮痧疗效的评价，指导学生选择性学习，为任务的完成提取必要信息。教师同样根据学生在尝试任务时暴露出来的问题，指导学生有针对性地学习，并要求学生在产出中灵活运用。

子任务 3：完成法庭辩护环节。

通过以上两个子任务的完成，学生已基本能够运用恰当的语言和必要的交际策略来介绍本土的两个文化点，接下来的任务是将这些知识运用到台词撰写和情景表演中。谁是有利的证人、由谁来辩护、如何辩护，对学生语用能力提出了挑战。在这个过程中，学生从复制性地运用语言过渡到创造性地运用语言。学生要完成在法庭上为本土文化辩护的子任务，必须了解法庭或听证会程序，掌握法庭辩论技巧。因此，教师一方面向学生提供原电影台词、电影片段供学生观摩学习，引导学生注意人物语言，学习法庭话语；另一方面通过课堂讲解和角色扮演活动，熟悉法庭和听证会程序。最后，教师要求学生课下根据本组人数和剧情需要，设计角色，斟酌人物语言和法庭辩论的起承转合，撰写台词，为情景表演做准备。

3. 评价

评价环节兼有“促学”的作用。产出导向法的评价环节旨在通过对学生“作品”的评价，帮助老师了解教学效果；同时帮助学生了解学习成果的同时，进一步提高自己的产出质量。听众每人一份评分表，在这一环节，学生在课前提交了台词，并在课堂进行模拟法庭的表演，每组时长为6～8分钟，根据师生之前共同达成的评价标准为同学评分。总体而言，学生的这一环节的表现比较成功，除一组因组员缺席而导致展示不够连贯外，另外三组的都能完全脱稿、流畅自然地完成法庭辩论。在“律师”的辩护环节，学生的思路开阔，不仅恰当地使用了“语言目标”中的词汇、短语，而且创造性地运用了适当的辩论技巧（如对比、举例、引用等），使辩护富有说服力。第一组展示完毕后，教师根据学生提交的书面台词和口头表演进行点评，点评的重点在对学生“产出”中“优点”的分享和对代表性的“缺点”的改进建议。在之后的每组展示后，组织学生以小组为单位进行评价，小组代表根据组员意见说出优、缺点各一个，同时给出改进建议，教师根据学生意见进行再评价。在最后的总结环节，教师肯定了学生“出彩”的展示和课堂内外付出的努力，同时就

一些较普遍的语法错误（如将“against”做动词用）和语用错误（如法庭上非正式语言等）进行了纠正和补救性教学，并就一些不合理的台词设计（如证人上庭后未等法官和律师发问，就开始夸夸其谈）给出了建议。最后，要求学生改进本组台词，再次提交。

三、基于产出导向法的 ESP 教学评价及展望

在 ESP 教学实践的过程中，产出导向法给课堂带来了活力。

产出导向法体现了人本主义教育理念，能够激发学生积极的情感体验。一方面，具有驱动力的任务调动了学生的学习积极性。利用真实的跨文化交际案例，为学生创造“真实”的交际情景，并通过“具有交际价值”的产出任务，让学生感觉所学的东西“很有用”，驱动了学习兴趣和更多的投入。在学生的反思日志和问卷中，“喜欢”“爱”“有趣”“成就感”分别出现多次，印证了课堂感受。另一方面，以教师为中介的“促成”也降低了学生完成任务时的焦虑情绪，同时让学生在完成任务的过程中获得“成就感”，感受到“付出好多”“收获好多”。情感因素对外语教学具有重要影响，积极的情感体验是导向法发挥效力的优势之一。

学生在新教学方法下获得了更多的语言使用机会。在产出导向法的实施过程中，模拟法庭表演任务被分成多个小任务，每一个小任务都要求学生产出，如介绍本土概念、台词的撰写、角色扮演等，大大地增加了学生语言使用的机会。经过多年的英语学习，大部分学生往往惰性知识有余而产出能力不足，因此在课堂中通过灵活的手段创设更多的语言使用机会，可以促进学生的接受性知识向产出性知识转化。

在教学实践中，始终遵循“学用一体”的教学理念，不仅给学生创设语言使用的机会，同时为学生提供必要的视听和阅读材料，引导学生根据产出任务进行选择性学习，学生在完成任务的同时，也应用了新的

语言知识，“增大了语言学过能用的概率”。同时，也发现在以教师为中介的“促成”后，学生的语言产出质量大大提高。另外，在ESP教学中，教师有两种教学倾向。一是以“教课文”为课堂教学的主要内容，在课文讲解过程中力图面面俱到，却忽视了学生的语言输出环节；或者即使给学生布置了输出任务，但输出任务却与课堂输入关系不大，学到的语言知识无法有效地运用。二是过分强调“以学生为中心”，而忽略了教师的中介作用。近年来，随着交际语言教学理念引入我国，教师逐渐意识到语言的学习目标不是语言知识和语言技能，而是学生的语言交际能力的发展。这革命性的认识掀起了语言教学领域的改革，“轻语言、重交际”的倾向越来越明显，教学的中心由教师转向学生，学生的自主学习能力得到空前的重视，教师由“讲授者”一下子转变为“辅助者”，将课堂的大部分时间用于学生讨论，或者布置项目任务，将一个相对独立的项目交由学生自己处理。以上两个误区中的第一种“重输入、轻输出”，违背了语言学习的规律。二语习得研究的成果表明只有当学习者创造性地使用语言，他们才最大限度地习得。第二种给了学生充足的体验和练习机会，但过分依赖学生的“自主性”，忽视了教师的支架作用和学生的最近发展区，降低了语言学习的效率。外语学习效率的高低取决于语言理解和产出结合的紧密程度。要在教学中有效地运用产出导向法，必须理解其“学用一体”的教学理念，改变顽固的教学习惯，在语言教学中将理解性“输入”活动与产出性的“输出”活动对接，将“学”与“用”有机结合，学以致用，用以促学。要实施产出导向法，教师必须在教学设计上贯彻“学用一体”的教学原则。

1. 为了促学，精心设计输出任务

任务的设计是产出导向法的起点，也是难点。教师需预设学生未来可能的交际情形，在基于“产出导向法”的大学英语课堂教学实践中，课堂创设“真实的”情境，设计具有“潜在交际价值”的产出任务。一方面，

任务的设计应考虑其教学价值，任务设计应能实现单元的具体目标，并最终促成课程整体目标的实现。另一方面，设计产出活动应难度适中。一是要考虑学习者已有的语言水平和认知能力。任务应既有挑战，又是学生通过学习可以达到的，必要时设计分层任务，满足不同水平的学习者。二是要考虑学生完成任务的现实条件。在教学实践时忽略了“期末学业压力大”的现实因素，即对完成任务的现实条件考虑不充分，影响了学生的产出质量。

2. 注重学以致用，精心设计输入促成活动

在三个教学环节中，以教师为中介的“促成”环节是教学的重点，也是难点。教师需要围绕产出任务充分发挥其中介作用，引导学生对输入材料进行选择加工，以促成产出任务的完成。其目的与“以教课文为主要内容”的教学模式有着本质的区别，学习输入材料的目的不仅仅限于理解，更重要的是完成产出任务，教师应在明确学习目标的基础上，指导学生对输入材料进行“有选择地学习”，避免“眉毛胡子一把抓”。促成环节也是过分强调“交际性”的教学模式所忽略的环节，它要求教师在指导学生完成任务的过程中，不只是任务的布置者和检查者，还应该在整个教学流程中起“脚手架”作用，选取合适的输入材料，填补学生完成任务的“空缺”，最终学以致用。在教学实践中的台词撰写环节，对部分基础较差的学生指导不充分，影响了促成的效果，应该加以改进。

3. 鼓励学生自主性地发挥，发挥好教师“脚手架”作用

为避免教学的过分“封闭”，可以通过两条教学思路来解决。一是通过任务的分层设计来解决。可以在任务设计时区分复习任务和迁移任务，学习者可以选择基本的再现任务，也可以选择更具挑战的迁移任务。二是平衡教师的“脚手架”作用和学生的自主性。在产出任务的设计、输入材料的选取、选择性学习的指导和产品评价的过程中，教师“脚手架”

作用的发挥应根据学生的“最近发展区”，适应学生语言能力、情感和认知动态发展的规律，把握好“度”。随着教学的不断深入和学生能力的发展，应逐步减少干预，逐渐撤掉“脚手架”，从而使学生的学习自主性得到发挥。

总之，基于产出导向法的ESP教学体现了人本主义学派提倡的“意义学习”，强调学生的自主和个性化学习，有利于建立学生学习的成就感。

第六章　基于网络多媒体的高校英语教学模式的新发展

第一节　高校英语翻转课堂模式

随着人们对教学研究不断深入，翻转课堂模式逐渐被人们了解和熟知。与传统教学模式相比，这一新兴的教学模式是建立在网络多媒体教学环境下，是对传统教学模式的一种颠覆。高校英语翻转课堂模式有其自身的优点，本节将对该模式展开分析和探讨。

一、翻转课堂模式的历史渊源及定义

在分析翻转课堂模式的定义之前，有必要追潮一下翻转课堂模式的来源。通过对这些渊源的分析，才能够更深刻地了解其定义。

（一）翻转课堂模式的渊源

翻转课堂遵循学习规律，有其深远的历史渊源。下面从中西方两个方面来分析翻转课堂模式的历史渊源。

1. 翻转课堂模式在中国的历史渊源

2500 年前，孔子所施行的教学就已出现先学后教的迹象。

（1）孔子在《论语·为政》中曾经提出这样的观点："温故而知新，可以为师矣"，即通过复习开始新的课程。

（2）孔子在《论语·述而》中提出"不愤不启，不悱不发。举一隅不以三隅反，则不复也"，即启发式教学。

（3）孔子在《论语·卫灵公》中提出"不日'如之何，如之何'者，吾末如之何也已矣"，即讨论式教学。

（4）孔子在《论语·雍也》中提出"知之者不如好之者，好之者不如乐之者"的观点，即倡导主体自身对学习兴趣产生浓厚的兴趣，这是求知识、做学问的一种理想境界。

（5）孔子的"学而时习之""三人行，必有我师焉"等观点反映了他注重在实践中学习的看法。

（6）孔子的"可与言而不与之言，失人；不可与言而与之言，失言。知者不失人，亦不失言"这一观点体现出孔子在教学中善于通过适时抓住关键点来调动弟子们的主体作用，同时体现了学与思的有机结合。

除了以上孔子的言论外，中国当代同样有类似于翻转课堂的教学方法，如山东杜郎口中学所进行的教学改革、魏书生的预习方式等，不过与翻转课堂不同的是，由于没有云学习、云教育的条件，这些学生在课下无法使用微视频进行学习。

2. 翻转课堂模式在西方的历史渊源

翻转课堂在西方的历史也很久远，下面展开详细分析。

古希腊时期的苏格拉底与柏拉图曾经采用启发式与讨论式教学，这可以说是翻转课堂在西方的源头。

西方近现代时期，裴斯泰洛齐的主体性教学、皮亚杰的建构学习、维果斯基的"最近发展区"都对翻转课堂具有很大的启迪作用。

20 世纪 90 年代，哈佛大学物理教授埃里克·马祖尔创立了同辈互助教学方式。马祖尔教授将学习分为两个步骤：知识的传递与知识的吸收。

过去教学模式大部分都只重视传递知识，而忽视了学生将知识内化与吸收。经过大量实验之后，人们发现马祖尔教授所提出的同辈互助教学方式可以有效地促进学生对知识的内化，同时学习的正确率提升了 1 倍。另外，马祖尔教授还发现计算机辅助教学可以有效解决知识传递的步骤，因此他认为教师的角色将在未来的高科技辅助教学中得到改变，从演讲者变为教练，将学生的知识内化作为教学的重点，而不只是知识的传递。

2000 年，美国的特蕾莉亚在其论文《翻转课堂：建立一个包容性学习环境的途径》中，论述了在美国迈阿密大学开设“经济学入门”课程时采用“翻转教学”或“翻转课堂”，激活差异化教学以适应不同学生的学习风格。

2007 年，杰里米·斯特雷耶在其博士学位论文《翻转课堂在学习环境中的效果：传统课堂和翻转课堂使用智能辅导系统开展学习活动的比较研究》中论述了翻转课堂在大学中的设置。

综上可知，翻转课堂教学模式的出现使得传统教学模式发生了颠覆性的改变，在教学中学生将成为核心部分，翻转课堂为学生提供了个性化的学习平台，这十分有利于学生自主学习意识、团队协作能力等方面的培养。但需要明确的一点是，没有一种教学模式是完美无缺的，翻转课堂作为一种新兴的教学模式在我国高等教育领域有很大的发展空间，这离不开广大英语工作者脚踏实地地钻研与实践。

（二）翻转课堂模式的定义

分析了翻转课堂模式的渊源，下面就来界定翻转课堂模式。翻转课堂又可以称为“颠倒课堂”，其教学过程包含两大阶段：一是知识传授；二是知识内化。在传统教学模式中，教师往往会通过课堂知识传授的形式来传输给学生，学生通过课后作业的完成情况和具体的实践来实现知识的内化。与这一传统教学模式不同，在翻转课堂教学模式中，教师根据自己的教学计划对课前预习的内容进行布置，学生则主动利用各种开放资源来获取知识，在课堂上通过与教师进行探讨，然后完成任务，最后内化为自己的知识。

所谓翻转课堂模式，是指在课堂进行之前，学生利用教师给出的视频、音频、开放网络资源、电子教材等学习材料，自主完成课程内容，然后在课堂上主动参与教师的互动活动，最终完成学习任务。

翻转课堂模式由美国人萨尔曼·可汗提出，他首次利用网络视频展开翻转课堂授课，并取得了巨大成功。因此，可以说萨尔曼·可汗是翻转课堂模式的创始人。

近年来，翻转课堂模式在国内产生了巨大影响。作为一种基于网络多媒体的新型教学模式，翻转课堂模式是对传统教学流程的颠覆，这对于学生展开自主学习而言是非常必要的。作为一种新型成功授课方式，翻转课堂对我国英语教学改革大有裨益。但是，翻转课堂不属于在线课程，也不能运用视频代替教师，它只是师生之间进行互动的方式，为学生的自主学习提供了充分的空间和实践，从而获得个性化的发展。

现行教育体系建立的目的在于满足工业时代的需要。1899 年，美国教育专员威廉·托里·哈里斯提倡在美国的各大高校中展开机械教学模式，这一模式使得学生“中规中矩”。但这显然与当前经济发展、生活水平不相符，只有对学校教育体系进行革新，才能跟上时代的步伐。换句话说，就是源于工业革命时代的机械教学模式逐渐被当前的新兴教学模式代替。

在传统教学模式中，知识习得需要经历知识讲授、知识内化、知识外化三个步骤。通过课堂，教师完成知识的讲授，而学生在课后任务和作业中完成知识的内化。这在前面已有所提及。但是，在当前云教育、云学习的技术条件下，学生可以通过“云课程”及媒介来展开教学，当学生在学习中遇到困难时，教师可以对其进行引导和启发，既保证了师生之间的平等交流，也保证了学生知识的进一步深化。简单来说，从先教授后学习转向先学习后教授，这就是所谓的翻转课堂。

综上所述，翻转课堂模式是对传统教学模式的变革，师生及教学方式在教学过程中都发生了质的改变。

二、翻转课堂模式的构成

很多学者对翻转课堂模式进行研究，将其构成要素分为三个层面：课前内容传达、课堂活动组织、课后效果评价。下面对这三个层面进行分析。

（一）课前内容传达

在翻转课堂模式中，其教学的基础在于课前内容的有效传达。就目前来说，我国翻转课堂模式往往会采用教学视频与纸质学习材料这两种模式来传达教学内容。其中，教学视频被认为是最基本的形式。对于教学视频的来源，主要有以下两种途径。

1. 运用现有的教学视频

运用现有的教学视频是教师进行翻转课堂教学的最佳选择。这主要有两方面的原因：一是由于教师的教学任务非常繁重，因此并没有多余的时间来制作新的视频；二是教师在面对视频录制仪器时，往往比较紧张，因此会严重影响教学效果和进程。可见，如果教师可以从网上找到现有的教学视频，那么必然会节省教师自身的时间和精力，且网上的教学视频资源非常丰富，教师只需下载就可以使用。

2. 制作新型教学视频

对于翻转课堂模式中运用的视频，教师除了运用现有视频外，还可以进行录制。当然，这需要教师有多余的时间和精力，他们可以运用电脑、录音软件、麦克风、手写板等进行制作。具体而言，可以做到以下几点。

（1）教师可以使用录屏软件对电脑操作轨迹及幻灯片演示轨迹进行捕捉。

（2）教师可以利用麦克风对讲述的音效进行录制。

（3）教师可以运用手写板对书本上的书写效果进行提升。

（4）教师可以利用音频编辑软件对录制的声音进行加工。

另外，教师还需要关注画面质量。基于此，教师需要考虑制作的视频应该尽量短小。这是因为当前的社会生活、工作学习节奏快，如果视频过长，那么难免会引起学生的厌烦；相反，如果视频短，那么则能激发学生的兴趣，引起学生的响应。

（二）课堂活动组织

在翻转课堂模式中，教师需要对课堂活动进行组织。在组织课堂活动过程中，教师需要注意以下几个层面。

对于高校英语教学而言，导读类课程比较适合翻转课堂教学，这类课程通过网络多媒体展开。在课下，学生按照教师的安排习得内容；在课堂上，教师解释重难点问题，进而通过网络多媒体实现在线测试。完成测试后，学生可以即时获取网络背景知识和学习资源，同时还能与自己之前的测试结果进行比对，从而加深自己的知识。

英语课程涉及语言与文化两大因素，教师在对学生的学习进行安排时，需要从初级认知的识记理解开始，转向高级的综合应用，完成一系列的递增过程。同时，教师在安排学生学习时还需要组织与此相适应的学习活动，在学生固有知识的基础上加深其对不同文化知识的理解和掌握。

在合作学习的基础上应结合个体学习，因为个体学习有助于学生充分领会和识记。

（三）课后效果评价

在翻转课堂教学模式中，教师需要重视课后效果评价。翻转课堂模

式常采用个性化学习测试，依靠的是教师与学生在接触的过程中形成的评价。也就是说，教师需要依据自身经验，对学生的知识掌握程度进行判断。这种即时的评价有利于纠正学生对知识的误解，且能够根据不同学生的差异，为他们提出合理化的建议和指导。但是，由于翻转课堂兴起时间较短，其评价与测试形式并不完善。因此，翻转课堂模式的学习评价主要是要求教师与学生之间进行及时交流与沟通，并根据学生的不同个性特征来加以引导。另外，教师还需要提供更多渠道来为学生展示学习成果，让学生建立起足够的成就感和自信心，促使他们有学习的动力。

三、翻转课堂模式的优势

通过翻转课堂模式的定义可知，该模式是对传统教学模式的颠覆。具体而言，翻转课堂模式有以下几个方面的优势。

（一）有助于学习者安排学习时间

翻转课堂模式有助于学习者安排学习时间，尤其是即将毕业的大学生，他们需要在实习工作上花费很多时间，因此并没有充足的时间用于课堂学习。这些学生需要的是能够迅速传达知识的课程，让他们在闲暇时间学习知识。对于这些学生来说，翻转课堂模式是非常适合的，利于他们对自己的学习时间进行安排。

（二）有助于师生展开课堂互动

与传统课堂教学模式相比，翻转课堂模式改变了师生之间的相处方式，教师与学生之间逐渐形成了一对一的交流。如果学生对某一知识点存在疑问，那么教师可以将这些学生集中起来，对他们进行特别指导。另外，在翻转课堂上，学生会展开大量的互动，他们不再将教师看成是知识的唯一来源，还包含其他同伴之间的互动学习。

（三）有助于差生进行反复学习

在传统教学课堂中，教师将更多重心放在成绩优秀的学生身上。这是因为，在老师的眼中这些学生可以追赶上教师的步伐，且愿意积极主动地参与到教师的教学中。但是，除了这些成绩优秀的学生外，其他英语水平较差的学生往往是被动听课，甚至很难跟上教师的节奏。对于这种情况，翻转课堂有助于帮助这些水平差的学生。在翻转课堂上，学生可以随时对视频进行暂停或重放，直到自己理解和明白为止。另外，翻转课堂模式还可以节省教师的大量时间，让教师将更多精力投注于成绩不好的学生身上。

（四）有助于学习者实施个性化学习

众所周知，各大高校的学生来自不同地区，其自身发展水平必然会存在差异，参差不齐，尤其是兴趣爱好和学习能力等。虽然当代的教学研究领域注意到了这一问题，但是传统教学模式很难实现分层教学，而翻转课堂教学模式恰好解决了这一问题。翻转课堂模式根据学生的兴趣、能力等展开教学，使每位学生能够从自己的进度出发来进行学习。

（五）有助于课堂管理的人性化

在传统课堂教学中，教师为了帮助学生获取知识，需要密切关注学生的注意力和整个课堂的纪律问题。这是因为，如果学生被某些事情影响了心情，那么必然会影响他们学习的进度。但是，在翻转课堂中，这一问题是不存在的。翻转课堂模式将学习的主动权归还给学生。如前所述，翻转课堂模式是对师生间、生生间互动关系的强化，让学生最大限度地发挥了主观能动性，即学生掌握了主动权。虽然传统课堂中教师也会辅导学生，但由于受传统理念的影响，这些教学改变只存在于形式上，教学活动仍侧重于讲授，学生完全没有占据主体地位。在网络多媒体环境下，翻转课堂模式获取了名正言顺的地位。在翻转课堂中，学生根据

教师提供的资源首先进行自主学习，体现学生的主体地位，然后在课堂上与教师展开讨论，深化自己的知识。

翻转课堂模式扭转了传统教学模式下学生的学习观念和学习态度。翻转课堂中的学习内容是根据学生的需要、兴趣来定位的。在总体学习目标下，学生通过教师提供的学习途径、学习材料完成知识建构，提升自身的知识水平。

翻转课堂使学生对教师的依赖性降低。这是因为，翻转课堂中知识的习得置于最前的位置，学生的自主性逐渐提高，有效淡化了学生对教师的依赖。在自主学习中，学生不得不将自己获取帮助的想法转向其他同学，经过一段时间后，学生便形成一种习惯，即主动接收、学习知识，与其他同学进行探讨和交流，这样不仅可以提升学生的知识水平，还能提升他们的人际交往水平。

四、翻转课堂模式的实施方法

根据相关学者的研究，一些学者提出了翻转课堂模式的基本流程，分析翻转课堂教学的基本流程及教学理念，高校英语教师根据其所授课程内容形成了多种教学流程。具体而言，涉及进行课前安排、展开课堂教学两大层面。

（一）进行课前安排

在课前安排方面，教师要为学生准备充足的学习资料，如电子教材、外语参考书籍、国内外相关外语专题网站及微视频教程等。

1. 电子教材的设计

在电子教材的设计上，应该注重其完整性。也就是说，纸质教材的内容及附加的包含音频、录像、解释材料等在内的内容应包含在电子教材中。此外，还有语料库数据、相关网站等资料，可以运用链接形式注入电子教材中，便于教师和学生使用。

电子教材除了设计要保证完整性外，还需要遵循一些次要原则。

（1）模态协作化原则。由于电子教材的设计涉及多模态形式，在运用多模态时需要考虑几个因素：一是现有的设备条件是否适合使用多模态，能否为教师留有选择的空间；二是运用多模态能否产生正面效应，其教学效果如何；三是考虑多模态的运用是否会出现冗余，避免产生浪费；四是多模态形式是否能够进行强化和互补。

（2）模态分配分类化原则。模态分配分类化是指根据不同的教学条件和教学对象来分配不同的模态组合。著名学者陈敏瑜在对多模态进行研究时，发现大学教材中的绘图大多为纲要式或者抽象式图表，而小学教材多为漫画式，这就说明教材的编写是根据学生的认知能力和基础知识界定的。因此，在设计电子教材时，同样需要考虑学生的认知能力和知识水平，如文科生适合形象化的模态，而理科生适合抽象化的模态。

（3）超文本化。在电子教材中，教学材料是主语篇，而提供背景、解释、练习材料的是小语篇，二者通过不同层次的方式构成一个相对复杂的语篇网络。

（4）个性化。电子教材设计的个性化是从学生的个性特点出发来组织教学。由于学生的起点不同，其使用的模态也必然不一样。为学生提供多种可供选择的教学模态，有助于提升学生的学习兴趣，避免出现“一刀切”的情况。

（5）协作化。在多模态学习的环境下，学生要相互进行协作，以小组的形式来完成学习任务、实现学习目标，进而提升整个小组成员的知识水平。

（6）模块化。所谓模块化，是指电子教材的设计以阶段性目标为核心，根据这一目标为学生设计教材，并在此基础上设计完成任务和目标的措施和方法，指导学生根据步骤来学习，为实现自己的目标努力。

2. 微视频的设计

微视频是当前翻转课堂模式常用的学习资源，具有很强的针对性。在课堂开始之前，教师可以根据课堂学习目标准备两个或三个微视频，一个微视频仅介绍一个知识点就可以，如果介绍的内容太多，那么就会影响学生的理解和学习。对于微视频的设计，教师需要注意以下几个方面。

（1）英语教学视频的视觉效果、互动性、时间长度等都会对学生的知识习得产生影响。在微视频中，教师要对学习内容进行合理设计，并设计课前练习的难度与数量等，以帮助学生将新旧知识结合起来。

（2）学生在课前学习过程中，可以利用网络多媒体软件等与其他学生进行交流与沟通，将自己学习中的难题和疑问排除掉，促进学生彼此间的提高。

（3）在微视频的设计上，教师还需要考虑学生的适应性。刚接触视频时，学生很难集中自己的注意力，他们更专注于笔记的记录。为了改善这一局面，教师可以为学生构建视频副本，帮助学生解除后顾之忧，引导学生对当期视频内容进行关注。

（4）在微视频的制作上，教师不仅需要重视整体上的视觉效果，还需要突出学习的要点和主题，根据知识结构来设计活动，为学生构建内容丰富、形式新颖的平台，让学生对微视频学习产生更大的学习积极性。

（5）当微视频制作完成之后，教师可以将这些视频上传到网上，学生可以通过学校网络随时下载使用学习。

（6）当学生完成微视频的学习后，需要对自己的学习情况进行总结。如果遇到问题，可以将这些问题反馈给小组长，然后由小组长向教师汇报。

（二）展开课堂教学

在翻转课堂上，教学大概涉及五大步骤：合作探究、个性化指导、巩固练习、反馈评价和课程总结。

1. 合作探究

要合理进行分组。合作学习实际上就是小组学习。合作学习中组员之间的结构是十分重要的，因此教师在分组时要注意各小组成员在能力水平、知识结构上的多样化。同时，各小组成员之间保持个性特点的均衡也有利于各个小组间进行竞争和学习。一般来说，各小组成员应该遵循“组间同质，组内异质”这一原则，保证小组成员中具有不同层次的知识水平，提升小组内能力欠佳学生的积极性，促进任务的完成。另外，小组内的成员应该进行分工，即每一位成员在小组内都应该体现自己的作用和位置，在完成任务的过程中能够积极地进行思考。

对问题进行策划和提出。小组合作的内容要具有操作性，即设置的问题能够进行讨论。在课堂开始之前，教师应该根据不同的学习内容和任务明确分组的原则，明确规定小组内各个成员任务，以及完成任务的时间。在合作学习中，教师处于引导者的地位，为不同学习小组制订不同的学习任务，使各个小组间能够相互合作、共同学习、共同进步。

要合作实施，并对过程进行控制。小组合作学习并不是在任务开始时就要求一起完成任务。事实上，在任务开始时，小组成员需要对任务进行研究和探讨，且各个成员间独立进行思考，通过独立的思考来促进和发展思维。之后，小组成员之间对思考的成分进行交流，发表自己的观点和看法，最后对各种信息和观点进行汇总，组合成一个一致的观点。当然，小组内还需要一个发言人，发言人需要将观点和看法向教师反馈。

2. 个性化指导

在个性化指导阶段，教师需要为各个小组解答问题与疑惑。在合作探究中，不同小组会产生不同的问题，教师应该根据不同的问题进行个

性化指导并解答问题；对于一些共性问题，则可以集中起来予以解答。

3. 巩固练习

在巩固练习阶段，在教师的个性化指导下，各个小组需要进行总结，并通过不断练习来加深印象，对重点、难点知识进行巩固。另外，这一阶段需要各个小组间的学习与交流，引导学生间分享学习经验和知识。

4. 反馈评价

对小组合作学习情况的评价主要包含两个方面：一是对学习过程和结果进行评价；二是对小组及小组内成员进行评价。在对各学习小组进行评价时，教师需要将重心放在整个小组任务的完成情况上，而不是放在某一小组成员的成绩上。同时，教师还需要评价小组内成员参与的主动性、积极性，这样既可以为其他小组内的成员树立榜样，还可以激发小组内成员的热情，调动学生学习的积极性，防止学生产生依赖，更好地实现合作学习。

5. 课程总结

课程总结是合作探究的最后一步，各小组间进行交流与信息沟通。教师应该给予小组内不同成员充分的支持，使各个小组都能够顺利地完成学习任务，实现既定目标。

总之，高校英语翻转课堂模式不仅是对课前预习效果的强化，更是对课堂学习效率的注重和提升。对于教师来说，通过课堂活动设计来使学生知识内化是教师的重要任务，也是高校英语翻转课堂教学的目的。基于此，教师在设计课堂任务时应该对写作、情境等要素予以充分利用，引导学生通过真实体验来实现知识内化。对于高校英语翻转课堂而言，学生展开学习的基础在于信息资源及技术工具等的运用。

第二节　高校英语微课模式

随着网络多媒体技术的引入，人们的学习方式逐渐发生改变。在网络及“微时代”的双重影响下，微课模式已经悄然进入高校英语教学的领域，并成为人们探索新教学模式的一个重大突破口。可以说，微课是一种新的网络学习资源，并在国内迅速发展，成为基于网络多媒体的高校英语新教学模式。高校英语微课模式的定义、构成、优势及实施办法等成为当前研究的热点，下面就对这几大方面展开分析和探讨。

一、微课模式的定义

从字面上来说，“微课”有以下三个层面的阐释。

（1）对于“课”这一概念来说，微课是“课”的一种，是一种课式，呈现的是一种短小的教学活动。

（2）对于“课程”这一概念来说，微课同样是有计划、有目标、有内容、有资源的。

（3）对于“教学资源”这一概念来说，微课具有丰富的教学资源，如数字化学习资源包、在线教学视频等。

但是，对其内涵进行挖掘，可以发现微课是一种具有单一目标、短小内容、良好结构、以微视频为载体的教学模式。微课的最初理念是通过正式或者非正式的学习方式，人们不断对短小、主题集中、与实践紧密结合的专业知识进行学习，从而提高学习效果，促进知识的内化。

在这一理念基础上，我国学者对微课模式展开了重点研究，很多学者提出了自己独到的见解。

黎加厚认为：“微课是时间在十分钟内，教学目标明确、内容短小，

能够对某一问题集中说明的微小课程。”

焦建利认为：“微课是以某一知识点为目标，其表现形式是短小精悍的在线视频，主要应用于教学和学习的一种在线教学视频。”

胡铁生、黄明燕、李民认为：“微课又可以称为微型课程，是建立在学科知识点的基础上，构建和生成的新型网络课程资源。微课以微视频作为核心，包含很多与教学配套的扩展性或支持性资源，如‘微练习’‘微教案’‘微反思’‘微课件’等，从而形成了一个网页化、半结构化、情境化、开放性的交互教学应用环境和资源动态生成环境。”

上述学者的概念具有针对性，并一定程度上反映出微课模式的基本特征，虽然具体内容存在某些差异，但是其理念和核心基本一致。本书认为，微课本质上是一种对教与学进行支持的新型课程资源，而且微课与其他与之匹配的课程要素共同构成了微课程。从这点来看，其属于课程论的范畴。当学生通过微课模式开展学习时，他们就是以微课作为媒介与教师产生交互活动，通过面对面辅导、在线讨论等进行直接交互，从而产生有意义的教学。

二、微课模式的构成

从微课的课程属性出发，微课需要具备必备的课程要素。具体而言，主要涉及四大要素：目标、内容、活动、交互和多媒体。

（一）目标

目标是指教师预期微课模式的适用教学阶段，以及期望教学所要达成的结果，主要包含以下两层含义。

（1）应用目的，即设计开发微课模式的原因。这与微课模式是在课前、课中还是课后运用有关。如为学生的课后练习提供指导而制作的相关练习讲解的微课。

（2）应用效果，即教师在使用微课模式后期望学生所能够解决的具体问题，如掌握某一体裁的英语写作方法、阅读理解题的解题技巧等以引发学生思考。

一般来说，微课模式的目标是具体明确、单一的，其对于微课内容和应用模式的选择起着重要的指导意义。

（二）内容

微课内容是指为微课模式预期服务的，与特定学科相关的有目的、有意义传递的信息与素材。也就是说，高校英语微课模式的内容是教师实现预期目标的信息载体。根据微课的目标，并结合学生的学习情况，以及准备应用的教学阶段等教学实际来设计微课模式的内容。微课内容不同，教师对教学活动的设计也不一样。但是，由于微课的时间很短，内容上往往具有主题明确、短小精悍、独立的特色，因此需要教师对微课的内容进行精心选取。

（三）活动

活动是主体与环境的相互作用过程，其中环境涉及主体本身、其他主体以及客体。所谓“教的活动”是指教师这一活动主体与特定微课内容这一客体之间的相互作用过程，通过这种相互作用，向学习微课的学生将教学信息有效传递出来，以帮助学生对课程内容进行理解与思考。教的活动是实现微课目标的一种有效方法。从方法上来说，教的活动可以分为教师的演示、讲授、操作及其与其他主体间的互动等活动类型。

（四）交互和多媒体

要想完成微课中教的活动，教师必须要借助某些特定工具，来保证学生能够正确理解微课内容的意义，从而实现学生与微课的相互交流。在微课模式中，这种工具主要包含以下两种。

（1）交互工具。学生进行微课学习，能够促进学生与微课间进行操作交互和信息交互。

（2）信息呈现工具——多媒体。多媒体能够更好地帮助教师对教学内容进行表达和解释，提高学生在进行微课学习时与学习资源间的交互有效性，如微课中课件、动画、图形、图像等的呈现。总之，微课这四大因素是相互影响、相互关联的。通过对这几大要素的设计，教师有助于构建一个具有结构化的数字化课程资源。

三、微课模式的优势

从微课的定义与构成上不难看出，微课与当前信息技术相适应，也与《高校英语教学指南》相适应，是一种新兴媒体在教学领域中的运用。可以说，微课在高校英语教学中的优势非常明显。

（一）教学内容少

微课模式主要是对课堂教学中某一知识点教学的凸显，或者是对教学中某一环节或者某一主题活动的反映。与传统教学内容相比，高校英语微课教学内容精简，更符合教学的需要。

（二）教学时间短

一般来说，高校英语微课教学视频时长为 3～8 分钟，最长也不应超过 10 分钟。相比之下，传统课堂教学时间长，一般为 40～45 分钟。因此，微课常常被称为“微课例”或“课堂片段”。也就是说，微课教学时间短。在当前的高校英语教学中，使用微课模式有助于针对教学难点开展教学，使学生能将注意力集中在教学的黄金时段，通过与教师的互动解决学习上的困惑。

（三）资源容量小

通常情况下，微课模式中的教学视频及配套资料的容量约为几十兆，容量一般比较小。在高校英语教学中，微课这一模式有助于教师与学生间流畅地展开交流。

（四）资源构成情境化

高校英语微课教学的内容通常具有鲜明的主题，且指向也完整、明确。教学视频片段是微课的主线，并以此对教学设计及其他教学资源进行统整，从而构筑成一个类型多样、主题凸显、结构紧凑的“主题单元资源包”，创造出一个真实的教学资源环境。这就使微课资源具有了视频教学案例的特点。这样真实、具体的情境不仅有助于学生提升自己的思维能力，还有助于提升教师的教学技能和学生自己的学业水平。

（五）反馈及时、针对性强

微课教学内容少、教学时间短，因为可以在短时间集中开展“无生上课”活动，因此教师和学生都可以迅速获取反馈信息。此外，每一位学生都可以参与进课前组织预演，相互学习，这在一定程度上有助于减轻教师的压力，保证英语教学活动顺利开展。

（六）成果简化、多样传播

由于微课教学内容主题鲜明，内容具体，因此其成果易于转化和传播。同时，微课教学时间短、容量小，因此其传播的方式也是多种多样的，如网上视频传播、微博讨论传播等。

（七）主题鲜明，内容具体

微课课程的开展是建立在某一主题上的，其研究和探讨的问题也主要来自具体、真实的教学实践。例如，教学实践中的教学策略、学习策略、重点难点、教学反思等问题。

四、微课模式的实施办法

就当前的教学实践来说，微课模式有着重要的发展前景。虽然微课

的设计是当前研究的重点问题，但是也不能忽视微课模式在教学实践中的应用。因此，下面就高校英语微课教学提出一些建议。

（一）建立微课学习平台

微课模式主要建立在视频这一载体上，同时还需要一些辅助模块，如微练习或互动答疑等，这些对于提高学生的学习兴趣、培养教师的信息化应用能力十分有益。其中，一个较为创新的方法是微慕课平台，即使微课模式展现出慕课模式的系统性和专业性。这一平台具有一定的知识含量，且结构灵活、系统性强、制作成本低。

（二）提升微课录制技术

微课录制技术更追求质量，而且要尽可能简单，使教师乐于录课，并能够快速提升自己的微课录制技术。另外，微课的研究人员需要在网络多媒体技术上进行改进和发展，追求卓越，尽可能地使微课模式得以普遍推广。

（三）加强资源开发，实现共建共享

当前的高校英语教学中仍旧存在着教学资源不均衡的情况。微课的出现使得优质的教学资源通过网络传送到全国的高校中，从而实现资源共享。

第三节　高校英语慕课模式

在网络多媒体环境下，慕课模式是以关联主义为基础，开展大规模的在线教学方式和学习方式。慕课模式的形成和发展并不是偶然的，而是在时代的发展和信息技术的进步基础上实现的。本节就来分析高校英语慕课模式。

一、慕课模式的定义

慕课是一种在线课程开放模式，是在传统发布资源、学习管理系统的基础上建立起来的课程模式，又称为“大型开放式网络课程”。慕课主要由具有协作精神与分享精神的个人所组织，他们将优异的课程上传到网络，可供需要的人下载和学习，目的是促进知识的传播和发展。

2012 年 9 月 20 日，维基百科将慕课进行了界定，即慕课是一种以开放访问、大规模参加作为目的的在线课程。慕课的英文缩写是 MOOC，这四个字母分别有其代表的含义。

M：代表参与这种开放性课程的人数多，规模大。

O：代表这一课程具有开放性，只要是想学习的人都可以参与其中。

O：代表这一课程学习的时间是非常灵活的，想学习的人可以自主选择。

C：代表课程包含的种类众多。

二、慕课模式的优势

慕课模式应用于高校英语教学必然会引起重大的教学理念与教学方式的改变。也就是说，慕课模式对当前的高校英语教学意义重大。具体而言，慕课模式具有以下几点优势。

（一）提供能力培养平台

我国的高校英语教学虽然一直在不断变革，但是总体上还是将重心放在基础知识教学上。这种教学模式必然阻碍学生将英语教学与专业结合起来，也就很难实现自己综合能力的提升。

受这一教学理念和教学背景的影响，很多学生忽视了英语的学习，

并没有意识到英语这一工具的作用。慕课的出现能够为学生提供最新的发展评估和专业动向，有助于激发学生的学习动机和兴趣，促使学生提升自己的专业能力，解决英语教学与自己专业的问题。

（二）平衡不同学生水平

高校学生来自不同的地域，各地的教学水平存在差异，学生的学习能力和学习基础也不同。在统一的大班英语课堂上，教师很难实行一对一教学，只能从宏观上对学生进行指导。在这样的教育现实下，很多学生已经追赶不上教学的进度，或者不满足于当前的教学水平。

慕课模式通过开放性的网络平台，给学生提供了有针对性的教学，便于缓解教师教与学生学的矛盾。同时，该模式不受时空限制，既有利于促进基础好的学生能力的发展，也有利于基础差的学生知识的巩固。

（三）形成语言使用环境

对于我国学生而言，英语是第二语言，因此本身缺乏学习语言的环境，导致学生在课堂上学到的知识很难在现实中应用。在很大程度上说，这降低了学生学习英语的成就感，也对日后学生的语言能力提升十分不利。

慕课的出现能够为学生创设良好的语言学习环境，即学生可以接触到真实的语言，甚至可以与世界上其他国家的人们进行交流，这都有助于提升学生自身的听说能力。

（四）扩大学生知识储备

我国的高校英语教学主要是围绕课堂教学展开的，面对短暂的教学时间、繁重的课业压力，课堂教学很难给学生带来充足的知识。相比之下，慕课教学模式以网络为平台，向学生提供丰富的知识，方便学生进行提取，不仅扩大了学生的知识储备，还提高了学生的学习效率和兴趣。

三、慕课模式的实施办法

作为一种新兴的高校英语教学形式，慕课模式往往会通过以下几个步骤进行教学，即课程设置多样化、上课方式多样化、考核方式多样化、传统课堂与慕课结合。

（一）课程设置多样化

就当前的高校英语教学来说，慕课模式改变了传统教学模式的单一状况。就师资力量来说，传统的高校英语教师资源非常有限，所讲授的课程针对性也不明确。就教学材料来说，当前大多数高等院校使用上海外语教育出版社出版的《大学英语》《新世纪高校英语》，高等教育出版社出版的《大学体验英语》，以及外语教学与研究出版社出版的《新视野高校英语》等，并没有采用与学生相适应的专门教材。就课程设置来说，虽然各大高校都设置了选修课，但是这些选修课大多是为英语四、六级考试设置的。对此，慕课教学模式根据学生的兴趣和需要来选择课程，大大提高了学生的学习兴趣，从而提升了学生学习英语的质量和效率。

（二）上课方式多样化

虽然我国各大高校都在推进高校英语教学改革，上课形式也不再单一，但是仍旧将教师讲授作为中心，其中穿插的多媒体也只是一种辅助形式，是教师板书的延伸而已。在网络多媒体不断发展的背景下，慕课模式实现了上课方式的多样化，学生可以在校园任何地方坐在电脑前学习，或者手拿 iPad 进行学习。

（三）考核方式多样化

在网络多媒体教育环境下，高校英语慕课模式的关键在于考核方式的多样化。如果仅仅依靠传统的笔试或者论文式考核，那么就很难将学

生的实际水平测试出来。在慕课模式下，考核方式的多样化主要涉及两点：一是探索个性化考核方式，即根据不同层次的考生设置不同的测试题目；二是探索开放性的考试方式。总之，无论是个性化考核方式，还是开放性考核方式，其前提都是为了激发学生的学习积极性和学习兴趣。

（四）传统课堂与慕课结合

前面已经介绍了慕课模式的优势，但是在实行慕课模式的同时，还需要注意两点问题。

第一，高校英语慕课模式教学还有待完善，因为需要对教师进行培训，还需要准备与之配套的教学硬件设备。

第二，对于大学生来说，他们自身水平存在差异，因此要想让不同层次的学生适应慕课模式，也需要很长一段时间。如果将所有的教学内容置于网上，那么那些本身自制力差的学生就更容易放弃，这当然是教师不愿意看到的。

因此，当前属于新旧交替时期，教师仍旧扮演着重要角色。教师应该积极探索能够激发学生主动性和积极性的慕课课件。教师需要对学生的基本情况有清晰的了解，保证慕课课件能够被大多数学生理解和把握。教师还需要了解不同学生的自主学习能力，锻炼学生的心理素质，使他们尽快适应新兴的教学模式。

参考文献

［1］翁雨淋，李瑞超，白爱娃．大学英语教学法探索与教学实践研究［M］．北京：中国纺织出版社，2018．

［2］周帆．高校英语教育教学理论与实践研究［M］．长春：吉林大学出版社，2017．

［3］钟玉琴．大学英语混合式教学探究［M］．北京：电子工业出版社，2017．

［4］武琳．大学英语教学模式与课程建设研究［M］．长春：吉林大学出版社，2016．

［5］陈莉萍．大学英语教学研究［M］．广州：世界图书出版广东有限公司，2015．

［6］戴立黎．大学英语课堂教学新视野［M］．北京：中国书籍出版社，2013．

［7］陈品．大学英语教学理论与实践［M］．天津：南开大学出版社，2013．

［8］张鑫．英语教学的理论与实践［M］．北京：知识版权出版社，2012．

［9］杜秀莲．大学英语教学改革新问题新策略［M］．济南：山东大学出版社，2011．

［10］罗毅，蔡慧萍．英语课堂教学策略与研究方法［M］．武汉：华中科技大学出版社，2011．

［11］何广铿．英语教学法教程：理论与实践［M］．广州：暨南大学出版社，2011．

［12］王艳．英语听力教学与研究［M］．北京：外语教学与研究出版社，

2012.
［13］何少庆. 英语教学策略理论与实践运用［M］. 杭州：浙江大学出版社，2010.
［14］王笃勤. 初中英语教学策略［M］. 北京：北京师范大学出版社，2010.
［15］李森，张家军，王天平. 有效教学新论［M］. 广州：广东教育出版社，2010.
［16］朱晓燕. 英语课堂教学策略：如何有效选择和运用［M］. 上海：上海外语教育出版社，2010.
［17］冯莉. 大学英语语法教学理论与实践［M］. 长春：吉林出版集团有限责任公司，2009.
［18］崔刚，孔宪遂. 英语教学十六讲［M］. 北京：清华大学出版社，2009.
［19］鲁子问. 英语教学论［M］. 上海：华东师范大学出版社，2009.
［20］严明. 大学英语自主学习能力培养模式研究：体验的视角［M］. 哈尔滨：黑龙江出版社，2009.
［21］陈睿. 高职英语教学存在的问题及对策分析［J］. 当代教育实践与教学研究，2017（2）：155-156.
［22］单艳平. 新教学理念下初中英语教学策略初探［J］. 学周刊，2017（6）：32-33.
［23］张轶. 大学英语听力教学现状分析［J］. 湖北经济学院学报，2014，11（1）：217-218.
［24］郜茜. 浅析大学英语听力教学中存在的问题与对策分析［J］. 才智，2014（35）：94.
［25］罗宏，张昭苑. 大学英语的情感教学［J］. 天津市经理学院学报，2010（4）：78-79.
［26］陶伟. 高校青年英语教师“转化性学习”案例研究［D］. 苏州：苏

州大学，2016.

［27］李琳. 学习共同体视域下民族高校英语教师专业发展研究：以甘肃某民族高校为例［D］. 兰州：兰州大学，2016.

［28］张庆华，高校英语教师阅读教学实践性知识个案研究［D］. 北京：北京外国语大学，2015.

［29］陈艳君. 基于本土视角的中国英语教学法研究［D］. 长沙：湖南师范大学，2015.

［30］崔淑婷. 英语教育硕士研究生教师信念调查研究［D］. 曲阜：山东师范大学，2014.